法華三部経

妙法蓮華経之要諦 三

釋 光成著

七寶出版

法華三部経　妙法蓮華経之要諦　三

妙法蓮華経之要諦　三

目次

第一章　妙法蓮華経常不軽菩薩品第二十の解説　13

常不軽菩薩品で描かれている時代

法の一貫性

浄行時代末期の救済対象

常不軽菩薩の行い

常不軽菩薩の行いのポイント

常不軽行の功徳

常不軽菩薩行の総括

常不軽菩薩品に込められたお釈迦様の思い

第二章　妙法蓮華経如来神力品第二十一の解説　77
如来神力品は神力の要点を明かした品
神力は法界についての悟りをもたらしてくれる力
四要示
四大菩薩への指示
舌相至梵天の相
信仰の本質は如来の風を感じること
第三章　妙法蓮華経嘱累品第二十二の解説　141
「嘱累」とは
嘱累されたもの
阿耨多羅三藐三菩提の法とは

本化菩薩の喜び　―仏道は報恩行―

第四章　妙法蓮華経薬王菩薩本事品第二十三の解説　159
薬王菩薩は本化菩薩の修行モデル
薬王菩薩が修めた行の特徴
薬王菩薩と憍曇彌のつながり
憍曇彌の修行の軌跡
薬王菩薩の能力
安立行時代の女性

第五章　妙法蓮華経妙音菩薩品第二十四の解説　205
妙音行と観音行は薬王行の補足
妙音菩薩は三昧の達人

清浄心が三昧を得るための条件
現一切色身三昧
妙音行の位置づけ
三昧＝懺法

第六章　妙法蓮華経観世音菩薩普門品第二十五の解説　239
伝法行について説き明かされた観世音菩薩普門品
救済の内容
救済の方法　―祈願修法―
行力向上の鍵
観音行は人間関係の中に

第七章　妙法蓮華経陀羅尼品第二十六の解説　281
対象レベルは菩薩九段目
言葉の意味
本文における陀羅尼呪の説明
各陀羅尼呪の内容
陀羅尼品から見える真理
第八章　妙法蓮華経妙荘厳王本事品第二十七の解説　325
妙荘厳王本事品第二十七のあらすじ
物語で描かれている荘厳仏国土の様子
妙荘厳王本事品は妙法蓮華経の完結編
妙荘厳王本事品から逆算した浄行時代

図27－1　法界概念図　350
人生は修行場

第九章　妙法蓮華経普賢菩薩勧発品第二十八の解説　361

勧発品は妙法蓮華経の総論
聞き手は普賢菩薩
仏道に縁のある本化菩薩とは
四種の仏様とは
本化菩薩の特徴
四種の仏様と出会う具体的方法
普賢行の功徳（一）―四法を成就するとは―
普賢行の功徳（二）―普賢菩薩神呪―
種まきの人間であることを自覚せよ

第十章　仏説観普賢菩薩行法経の解説　407

本化菩薩のなすべき行法が明かされた法華経の結経
普賢行＝三昧を修めて如是十方観を会得すること
十如是法とは
図Ａ　十如是の各要素の関係性　426
三昧の種類と修行段階
図Ｂ　修行段階と三昧の種類　429
注釈１　興教大師覚鑁懺悔録　441
三昧行の土台は懺悔
境界を上げることが懺悔の目的
図Ｃ　普賢行による作の修正とその結果　461
大乗心を得る方法　―六思念法―

大乗心とは何か
菩薩の懺悔は大乗的懺悔
本尊勧請法
三昧入座祈祷文　―出来の経緯―
三昧入座祈祷文の内容
普賢菩薩の行は成仏の大直道
おわりに　516
総合索引　534

凡例

●本書は、『眞訓兩讀法華經并開結』（平楽寺書店版 一九二四年）をもととして書かれており、引用頁は（ ）で、引用部分については『 』で示してあります。

●著者による訳文は、〔 〕で示しています。

●本書は『法華三部経』シリーズの四巻目となります。第一巻『法華三部経　無量義経之要諦』、第二巻『法華三部経　妙法蓮華経之要諦一』、第三巻『法華三部経　妙法蓮華経之要諦二』で言及している部分については、それぞれ（『無量義経之要諦』〇頁）（『妙法蓮華経之要諦一』〇頁）（『妙法蓮華経之要諦二』〇頁）と記載しています。

第一章

妙法蓮華経常不軽菩薩品第二十の解説

第一章　妙法蓮華経《みょうほうれんげきょう》常不軽菩薩品《じょうふきょうぼさつほん》第二十の解説《げせつ》

常不軽菩薩品で描かれている時代

経典を読み解く基本は、手始めにご説法が誰に対してなされたものであるかを押さえることですが、

『爾《そ》の時《とき》に佛《ほとけ》、得大勢菩薩摩訶薩《とくだいせいぼさつまかさつ》に告《つ》げたまはく…』（486頁）とありますように、常不軽菩薩品の聞き手は「得大勢」という名の菩薩です。実は、「得大勢菩薩」は本化《ほんげ》菩薩のことなのですが、その名前の変化から時代の

移り変わりを読み取ることができます。すなわち、「得大勢」の文字により、「他を圧倒するような力量を具えた菩薩が勢力を増して多数派になる時代」ということが表され、浄行時代最盛期に溢れていたような悪人は姿を消していることが暗に示されています。つまり、常不軽菩薩品で描かれている時代は、まだレベルの低い菩薩も存在するものの、レベルの高い本化菩薩が大勢を占める浄行時代後期から末期といえ、読み手側には頭の切り換えが求められるところです。

法の一貫性

今見ましたことから、常不軽菩薩品は浄行時代末期の本化菩薩に必要なお教えが説かれている品ということになりますが、そのお教えはお釈迦様の次のようなお言葉から始まっております。

『爾《そ》の時《とき》に佛《ほとけ》、得大勢菩薩摩訶薩《とくだいせいぼさつまかさつ》に告《つ》げたまはく、汝今當《なんじいままさ》に知《し》るべし、若《も》し比丘《びく》・比丘尼《びくに》・優婆塞《うばそく》・優婆夷《うばい》の法華經《ほけきょう》を持《たも》たん者《もの》を、若《も》し悪口《あっく》・罵詈《めり》・誹謗《ひぼう》することあらば、大《おおい》なる罪報《ざいほう》を獲《え》んこと前《さき》に説《と》く所《ところ》の如《ごと》し。其《そ》の所得《しょとく》の功徳《くどく》は、向《さき》に説《と》く所《ところ》の如《ごと》く眼《げん》・耳《に》・鼻《び》・舌《ぜつ》・身《しん》・意《い》・清浄《しょうじょう》ならん。得大勢《とくだいせい》、乃往古昔《ないおうこじゃく》に無量無邊不可思議阿僧祇劫《むりょうむへんふかしぎあそうぎこう》を過《す》ぎて佛《ほとけ》いましき。威音王如來《いおんのうにょらい》・應供《おうぐ》・正偏知《しょうへんち》・明行足《みょうぎょうそく》・善逝《ぜんぜい》・世間解《せけんげ》・無上士《むじょうじ》・調御丈夫《じょうごじょうぶ》・天人師《てんにんし》・佛《ぶつ》・世尊《せそん》と名《なづ》けたてまつる。劫《こう》を離衰《りすい》と名《なづ》け、國《くに》を大成《だいじょう》と名《なづ》く。其《そ》の威音王佛《いおんのうぶつ》彼《か》の世《よ》の中《なか》に於《おい》て、天《てん》・人《にん》・阿脩羅《あしゅら》の爲《ため》に法《ほう》を説《と》きたまふ。聲聞《しょうもん》を求《もと》むる者《もの》の爲《ため》には應《おう》ぜる四諦《したい》の法《ほう》を説《と》いて、生《しょう》・老《ろう》・病《びょう》・死《し》を度《ど》し涅槃《ねはん》を究竟《くきょう》せしめ、辟支佛《ひゃくしぶつ》を求《もと》むる者《もの》の爲《ため》には應《おう》ぜる十二因縁《じゅうにいんねん》の法《ほう》を説《と》き、諸《もろもろ》の菩薩《ぼさつ》の爲《ため》には、阿耨多羅三藐三菩提《あのくたらさんみゃくさんぼだい》に因《よ》せて、應《おう》ぜる六波羅蜜《ろくはらみつ》の法《ほう》を説《と》いて佛慧《ぶつえ》を究竟《くきょう》せしむ。得大勢《とくだいせい》、是《こ》の威音王佛《いおんのうぶつ》の壽《じゅ》は四十萬億那由佗恒河沙劫《よんじゅうまんおくなゆたごうがしゃこう》なり。正法《しょうほう》世《よ》に住《じゅう》せる劫數《こっしゅ》は一閻浮提《いちえんぶだい》の微塵《みじん》の如《ごと》く、像法《ぞうほう》世《よ》に住《じゅう》せる劫數《こっしゅ》は四天下《してんげ》の微塵《みじん》の如《ごと》し。

其《そ》の佛衆生《ほとけしゅじょう》を饒益《にょうやく》し已《おわ》って、然《しか》して後《のち》に滅度《めつど》したまひき。正法《しょうほう》・像法《ぞうほう》滅盡《めつじん》の後《のち》、此《こ》の國土《こくど》に於《お》いて復佛出《またほとけい》でたまふことありき。亦威音王如來《またいおんのうにょらい》・應供《おうぐ》・正偏知《しょうへんち》・明行足《みょうぎょうそく》・善逝《ぜんぜい》・世間解《せけんげ》・無上士《むじょうじ》・調御丈夫《じょうごじょうぶ》・天人《てんにん》師《し》・佛《ぶつ》・世尊《せそん》と號《なづ》けたてまつる。是《かく》の如《ごと》く次第《しだい》に二萬億《にまんおく》の佛《ほとけ》います、皆《みな》同《おな》じく一號《いちごう》なり。』（486頁）

〔その時、お釈迦様は得大勢菩薩摩訶薩にお告げになりました。もし、法華経に説かれた教えを実践している出家・在家の修行者に対して悪口を言ったり、罵《ののし》ったり、誹《そし》ったりすれば、大きな罪の報いを受けなければならないことは前に説いたとおりです。

そして、法華経に説かれた教えを実行する修行者が得る功徳は今説いたように、眼・耳・鼻・舌・意の六根が清浄になるというものです。

得大勢よ、遠い昔、威音王如来という仏様がおられました。その時代の名は離衰、国の名を大成といいました。威音王仏はその世の中において、天人・人間・阿修羅のために法をお説きになりました。聲聞の悟りを求める人のためには、それに応じた四諦の法門を説いて、生・老・病・死という人生苦から救い出し、涅槃の境地にお導きになり、縁覚レベルの人に対しては、そのレベルに適した十二因縁の法をお説きになり、諸々の菩薩のためには、最正覚《さいしょうかく》へ導く六波羅密の法を説いて仏の智慧を究めさせようとなさりました。

得大勢よ、この威音王仏の寿命は計り知れないほど長いものでありました。教えが正しく行われた正法の時代は長きに渡り、その後、形式的にではあっても教法が存続した像法の時代がその何倍もの期間続きました。その仏様は衆生に有り余るほど多くの利益をお与えくださった後に滅度されました。

そうして正法・像法の時代が終わると、その国にまた仏様が出現されました。そのお名前も威音王如来といいました。

そのようにして次々と二万億の仏様が出現されましたが、みな同じお名前でいらっしゃいました」

ここでお釈迦様が説かれていますのは、（一）法の原理、（二）法の普遍性、（三）法の表現の多様性の三つです。

法の原理とは、「背けばその報いを受け、従えば功徳を得る」というシンプルなもので、具体的には、『若《も》し比丘《びく》・比丘尼《びくに》・優婆塞《うばそく》・優婆夷《うばい》の法《ほ》華經《けきょう》を持《たも》たん者《もの》を、若《も》し悪口《あっく》・罵詈《めり》・誹謗《ひぼう》することあらば、大《おお》いなる罪報《ざいほう》を獲《え》んこと前《さき》に説《と》く所《ところ》の如《ごと》し。其《そ》の所得《しょとく》の功徳《くどく》は、向《さき》に説《と》く所《ところ》の如《ごと》く眼《げん》・耳《に》・鼻《び》・舌《ぜつ》・身《しん》・意《い》・清浄《しょうじょう》ならん。』（486頁）と示されているとおりです。つまり、譬喩品《ひゆほん》に説かれていたように、法謗罪《ほうぼうざい》・誹謗罪《ひほうざい》・毀謗罪《きほうざい》を犯せばその報いを受けることとなり、逆に、これまで明かされた方法に則って正しく修行を積めば六根清浄という功徳を得られるというのが法の原理です。

法の普遍性についてお釈迦様は、威音王如来が何度も世に出現するという表現によって示してくださっております。威音王如来がお釈迦様ご自身のことであるのは流れから明らかですが、お釈迦様はそれにより時代が移り変わっても、法は四弘誓願法《しぐせいがんほう》に沿ってしかるべき方法で脈々と受け継がれるもので、その本質は色褪せたり、変化したりするものではないことを表されています。法はいかなる形をとろうとも、お釈迦様のご意志の反映に他ならないのです。

しかし、本質は一貫していても法の表現は多様で、それがお釈迦様が三つ目に説かれているところです。

「聲聞を求むる者の為には応ぜる四諦の法」
「辟支仏を求むる者の為には応ぜる十二因縁の法」
「諸の菩薩の為には応ぜる六波羅密」

とありますように、相手のレベルや性質によって法の説き方は異なります。法とは、時・場所・相手に応じた対機説法により様々な表現で伝えられるものなのです。

ここでお釈迦様が説かれた三つのポイントはこれまでのおさらいですが、常不軽菩薩品の導入部として重要な意味を持っています。すなわち、常不軽菩薩品で説かれている「法」にも普遍的な原理と表現の多様性が見られることがこの導入部により示唆されているのです。時代が進み浄行時代末期に近づきますと、法を受ける側のレベルやタイプが変わってきますので、法を伝える際には先の時代とは異なる特別の配慮および表現方法の工夫が求められます。しかし、そのような表面的変化に関わりなく、常不軽菩薩品で説かれている「法」も本質的にはそれまでと何ら変わるものではなく、一貫性は保たれているのです。

浄行時代末期の救済対象

さて、今、経の冒頭部分から読み取れることを見ましたが、品の中核に進む前に、いま一度お話を整理しておくことに致しましょう。

常不軽菩薩品は、浄行時代末期の得大勢菩薩と称される本化菩薩に対して説かれたお教えです。既に学びましたように、修行の根幹は法を説くことであり、それは成仏の必須条件でもありますから、常不軽菩薩品で説かれているお教えは、浄行時代末期に本化菩薩が法を説く際の注意事項ということになります。

　浄行時代末期は「得大勢菩薩」と表現されるほどレベルの高い本化菩薩が勢力を増してくる時代ではありますが、同時に、まだそのレベルにはほど遠い菩薩も残っている時代です。ですから、一口に本化菩薩といっても、完成度には開きがあり、法を説いて教え導く修行を行う高レベルの本化菩薩もいれば、それにより救済される低レベルの本化菩薩も存在します。したがって、常不軽菩薩品は、順調に修行を重ねて高レベルに達した本化菩薩（得大勢菩薩）が、低レベルの本化菩薩に対して法を説く際の注意事項が記された品ということになります。

では、得大勢菩薩が法を伝える相手はどのような類の人間なのでしょうか。法を説く場合に真っ先に考慮される相手のレベルと性質を知ることから品の核心に迫ってゆくことに致しましょう。

浄行時代末期に得大勢菩薩が法を伝える人間については、経中に次のように記されています。

『得大勢《とくだいせい》、彼《か》の時《とき》の四衆《ししゅう》の比丘《びく》・比丘尼《びくに》・優婆塞《うばそく》・優婆夷《うばい》は、瞋恚《しんに》の意《こころ》を以《もっ》て我《われ》を輕賤《きょうせん》せしが故《ゆえ》に、二百億劫《にひゃくおくこう》常《つね》に佛《ほとけ》に値《あ》はず、法《ほう》を聞《き》かず、僧《そう》を見《み》ず、千劫阿鼻地獄《せんこうあびじごく》に於《お》いて大苦悩《だいくのう》を受《う》く。是《こ》の罪《つみ》を畢《お》へ已《おわ》つて、復《また》常不輕菩薩《じょうふきょうぼさつ》の阿耨多羅三藐三菩提《あのくたらさんみゃくさんぼだい》に教化《きょうげ》するに遇《あ》ひにき。』(493頁)

〔得大勢よ、あなた方より行力の低い本化菩薩等は、前世、怒りの心をもって、仏と仏の教えを説く者を軽んじ賤《いや》しめたため、二百億劫もの間、仏・法・僧に縁がなく、長い間、阿鼻地獄で大苦悩を受けていました。そうして罪の償いを終えた後、(ようやく浄行時代末期に)再び法を説く者(常不軽菩薩)にめぐり会い、最正覚につながる教えを聞くことができたのです〕

前後の文脈やここで初めて名前が出る常不軽菩薩がいかなる菩薩であるかについては追々見てゆくこととし、ここではひとまずこの一節を「浄行時代末期の救済対象者（＝レベルの低い本化菩薩）についての説明」と捉えて理解を進めてゆくことに致します。

一見して明らかなように、この一節は譬喩品で学んだことを想起させる内容となっております。

おさらいになりますが、譬喩品では、法的な罪には、毀謗罪・誹謗罪・法謗罪という三種類があることと、それらの罪を犯すとどのような罰を受けるかが明かされています。

毀謗罪は正法を信じずに教えを誇ることで、「仏となる種が断たれる」のがその報いです。つまり、この罪を犯した者は金輪際、救済の対象とはなりませんので、今ここで取り上げることは致しません。

注目すべきは、毀謗罪よりは軽い罪である誹謗罪、すなわち、正法を信仰する人を軽蔑したり、憎んだり、妬んだり、恨みを抱いたりする罪です。譬喩品には、先に引用した常不軽菩薩品の一節と重なる内容が誹謗罪の説明として次のように著されています。

『若《も》しは佛《ほとけ》の在世《ざいせ》　若《も》しは滅度《めつど》の後《のち》に　其《そ》れ　斯《かく》の如《ごと》き經典《きょうでん》を誹謗《ひほう》することあらん　經《きょう》を讀誦《どくじゅ》し書持《しょじ》することあらん者《もの》を見《み》て　輕賤憎嫉《きょうせんぞうしつ》して　結恨《けっこん》を懷《いだ》かん　此《こ》の人《ひと》の罪報《ざいほう》を　汝今復聽《なんじいままたき》け　其《そ》の人命終《ひとみょうじゅう》して阿鼻獄《あびごく》に入《い》らん　一劫《いっこう》を具足《ぐそく》して　劫盡《こうつ》きなば更生《またうま》れん　是《かく》の如《ごと》く展轉《てんでん》

して　無数劫《むしゅこう》に至《いた》らん　地獄《じごく》より出《い》でゝは　當《まさ》に畜生《ちくしょう》に墮《お》つべし』（169頁）

〔私の在世中および滅度後に、この経を誹謗する罪、すなわち、この経典を読んで正しき教えを守っている人を馬鹿にして見下げたり、憎んだり、嫉んだり、恨みを懐《いだ》いたりする罪の報いは次のようです。

そのような罪を犯した人は、この世の寿命が尽きると阿鼻地獄に落ちてゆきます。その阿鼻地獄で一劫の間責め苦を受け、そこでの寿命が尽きると、また他の地獄に生まれます。誹謗罪を犯すとそのように長い年月を地獄界で過ごすことになるのです。そして、たとえ地獄界から出られたとしても、次に生まれるのは畜生界です…」

　以上のような譬喩品の記述と、先の常不軽菩薩品からの引用部の関連性を踏まえますと、浄行時代末期に救済される人間の種類が見えてまいります。つまり、浄行時代末期の被救済者は、毀謗罪以下の罪、すなわち、誹謗罪・法謗罪を犯してしまい、その報いとして地獄界から法界を転々とすることで罪の償いを果たし、タイムリミット内になんとか人間として生まれてくることができた、いわゆる仏教でいうところの「横着者」と考えられるのです。

この経歴を踏まえますと、浄行時代末期に救済の対象となる本化菩薩のレベルが低い理由にも合点がゆきます。過去に罪を犯し、その償いに時間を費やしたため、彼らは人間に生まれて修行をした期間が少なく、結果、修行をのばすことができなかったのです。だからこそ彼らは常不軽菩薩品の中で『増上慢《ぞうじょうまん》の比丘《びく》』（488頁）『瞋恚《しんに》を生《しょう》じて心《こころ》不浄《ふじょう》』（489頁）と表現されるようなよからぬ性質を持つ、一見しただけでは本化菩薩とは思えないような類の人間なのです。

しかも厄介なことに、過去世において法に背く罪を犯している横着者ですから、また同じ罪を犯す可能性が極めて高く、かつてと同じようなまっとうな説き方での救済は難しいと考えられます。これほどまでにレベルの低い本化菩薩に対しては一体どのようなやり方で法を説けばよいのでしょうか。

そこで修行モデルとして登場してきているのが常不軽菩薩という菩薩です。浄行時代末期に得大勢菩薩が見本とすべき行いとはいかなるものであるのか、まずはお釈迦様が常不軽菩薩について説かれたことをそのままたどってみることに致しましょう。

常不軽菩薩の行い

『最初《さいしょ》の威音王如來《いおんのうにょらい》既已《すで》に滅度《めつど》したまひて、正法滅《しょうほうめつ》して後《のち》像法《ぞうほう》の中《なか》に於《おい》て、増上慢《ぞうじょうまん》の比丘《びく》大勢力《だいせいりき》あり。爾《そ》の時《とき》に一《ひと》りの菩薩《ぼさつ》比丘《びく》あり、常不《じょうふ》輕《きょう》と名《なづ》く。得大勢《とくだいせい》、何《なん》の因縁《いんねん》を以《もっ》てか常不輕《じょうふきょう》と名《なづ》くる。是《こ》の比丘《びく》凡《およ》そ見《み》る所《ところ》ある若《も》しは比丘《びく》・比丘尼《びくに》・優婆塞《うばそく》・優婆夷《うばい》を皆悉《みなことごと》く禮拜讃歎《らいはいさんだん》して、是《こ》の言《ことば》を作《な》さく、

我《われ》深《ふか》く汝等《なんだち》を敬《うやま》ふ、敢《あえ》て輕慢《きょうまん》せず。所以《ゆえ》は何《いか》ん、汝等《なんだち》皆《みな》菩薩《ぼさつ》の道《どう》を行《ぎょう》じて、當《まさ》に作佛《さぶつ》することを得《う》べしと。

而《しか》も此《こ》の比丘《びく》、專《もっぱ》らに經典《きょうでん》を讀誦《どくじゅ》せずして、但《ただ》禮拜《らいはい》を行《ぎょう》ず。乃至《ないし》遠《とお》

く四衆《ししゅう》を見《み》ても、亦復故《またまたことさ》らに往《ゆ》いて禮拜讃歎《らいはいさんだん》して、是《こ》の言《ことば》を作《な》さく、我敢《われあえ》て汝等《なんだち》を輕《かろ》しめず、汝等當《なんだちまさ》に作佛《さぶつ》すべきが故《ゆえ》にと。四衆《ししゅう》の中《なか》に瞋恚《しんに》を生《しょう》じて心不淨《こころふじょう》なるあり、悪口罵詈《あっくめり》して言《い》はく、是《こ》の無智《むち》の比丘《びく》、何《いず》れの所《ところ》より來《きた》つて、自《みずか》ら我汝《われなんじ》を輕《かろ》しめずと言《い》つて、我等《われら》が爲《ため》に「當《まさ》に作佛《さぶつ》することを得《う》べし」と授記《じゅき》する。我等《われら》是《かく》の如《ごと》き虚《こ》妄《もう》の授記《じゅき》を用《もち》ひずと。

此《かく》の如《ごと》く多年《たねん》を經歴《きょうりゃく》して、常《つね》に罵詈《めり》せらるれども瞋恚《しんに》を生《しょう》ぜずして、常《つね》に是《こ》の言《ことば》を作《な》す、汝當《なんじまさ》に作佛《さぶつ》すべしと。

是《こ》の語《ことば》を説《と》く時《とき》、衆人或《しゅにんある》いは杖木《じょうもく》・瓦石《がしゃく》を以《もっ》て之《これ》を打擲《ちょうちゃく》すれば、避《さ》

け走《はし》り遠《とお》く住《じゅう》して、猶《な》ほ高聲《こうしょう》に唱《とな》へて言《い》はく、

我敢《われあえ》て汝等《なんだち》を輕《かろ》しめず、汝等皆當《なんだちみなまさ》に作佛《さぶつ》すべしと。其《そ》の常《つね》に是《こ》の語《ことば》を作《な》すを以《もっ》ての故《ゆえ》に、增上慢《ぞうじょうまん》の比丘《びく》・比丘尼《びくに》・優婆塞《うばそく》・優婆夷《うばい》、之《これ》を號《ごう》して常不輕《じょうふきょう》と爲《なづ》く。

是《こ》の比丘《びく》終《おわ》らんと欲《ほっ》する時《とき》に臨《のぞ》んで、虚空《こくう》の中《なか》に於《おい》て、具《つぶ》さに威音王《いおんのう》佛《ぶっ》の先《さき》に説《と》きたまふ所《ところ》の法華經《ほけきょう》二十千萬億《にじゅうせんまんおく》の偈《げ》を聞《き》いて、悉《ことごと》く能《よ》く受持《じゅじ》して、即《すなわ》ち上《かみ》の如《ごと》き眼根清淨《げんこんしょうじょう》・耳《に》・鼻《び》・舌《ぜっ》・身《しん》・意根清淨《いこんしょうじょう》を得《え》たり。是《こ》の六根清淨《ろっこんしょうじょう》を得已《えおわ》つて、更《さら》に壽命《じゅみょう》を增《ま》すこと二百萬億那由佗《にひゃくまんおくなゆた》歳《さい》、廣《ひろ》く人《ひと》の爲《ため》に是《こ》の法華經《ほけきょう》を説《と》く。時《とき》に增上慢《ぞうじょうまん》の四衆《ししゅう》の比丘《びく》・比丘《びく》

尼《に》・優婆塞《うばそく》・優婆夷《うばい》の是《こ》の人《ひと》を輕賤《きょうせん》して爲《ため》に不輕《ふきょう》の名《な》を作《な》せし者《もの》、其《そ》の大神通力《だいじんつうりき》・樂説辯力《ぎょうせつべんりき》・大善寂力《だいぜんじゃくりき》を得《え》たるを見《み》、其《そ》の所説《しょせつ》を聞《き》いて、皆信《みなしん》伏随従《ぶくずいじゅう》す。』（488頁）

〔最初の威音王如来が滅度され、正法も滅した像法時代には、悟りも得ていないのに自分の考えが最も正しいと驕《おご》り高ぶっている者が大勢はびこっておりました。そのような中に、ある一人の菩薩がおり、常不軽という名で呼ばれていました。

得大勢よ、この菩薩が常不軽と名づけられたのには次のようなゆえんがあります。

この菩薩比丘は、出家であれ在家であれ、修行している人を見れば必ず礼を尽くして拝み、次のように讃嘆しておりました。

「私はあなた方を敬います。決して軽んじたり見下げたりは致しません。なぜなら、皆様方は菩薩道を行じて必ず仏になる方々だからです。」

この菩薩比丘は経典を熱心に読誦することはなく、ひたすらそのような礼拝をするばかりでした。たとえ遠くにでも仏道を行じる人を見つければ、わざわざ近づいて行って礼拝し「私はあなた方を軽んじることはございません。あなた方は必ず仏になられる人ですから。」と讃嘆したのでした。

しかし、修行者の中には心が不浄なためにそのような常不軽菩薩の言葉に腹を立て、

「この馬鹿な比丘めが。どこから来たのか知らないが、おせっかいにも『必ず仏になる』などと言うとは。そんなでたらめな保証など信じられるものか。」

と罵る者もおりました。

そのように何年もの間罵られつづけたにもかかわらず、常不軽菩薩は決して怒ることはなく、「あなたは仏になる方です」と言いつづけました。時には、杖や棒で叩かれたり、石や瓦を投げつけられたりすることもあ

りましたが、その場合にも常不軽菩薩は走り逃げて遠くから「私はあなた方を決して軽んじません。あなた方は必ず仏になります。」と声高に唱えつづけたのでした。このように、同じ言葉を言いつづけていたために、増上慢の者たちは彼に「常不軽」というあだ名をつけたのです。

このような行いを続けた常不軽菩薩は、いまわの際に虚空の中で、威音王仏が説かれた法華経の偈をつぶさに聞いて、悉く理解して自分のものとしたので、眼・耳・鼻・舌・身・意が清浄となりました。その六根清浄の功徳を得たことで、常不軽はさらに寿命を延ばし、広く人のために法華経の教えを説いて回りました。

この菩薩を軽んじ賤しめ「常不軽」というあだ名をつけた増上慢の者たちは、彼が大いなる神通力、心のまま楽に法を説ける能力、自然に善が生じる穏やかな心を得たのを見ると、その説くところを聞くようになり、やがてはそれを信じきって素直に従うようになったのでした」

常不軽菩薩の行いのポイント

先に、浄行時代末期に法を説く相手はレベルが低いと見ましたが、今ここで引用してたどった常不軽菩薩のお話の中にもそのレベルの低さが具体的に現れていました。象徴的なのは、法を説こうとする常不軽菩薩への罵詈雑言と暴力行為です。ここでの行為は目に見える行動に限らず精神的な行いということにもなりますが、いずれにしましても、レベルの低い菩薩は正しきを伝えようとする相手に猛反発し、抵抗する傾向があります。その根底には前世から持ち越した習慣的な悪、とりわけ「増上慢」と表現される自己中心的な思考性がありますし、さらに奥深いところには、過去に罪を犯したことで霊魂に刻み付けられた罪悪感からくる劣等感・挫折感があるかもしれません。何よりも自分が正しいと考える悪癖と、無意識レベルの自己否定・自分に対する不信感が「正しき法」・「善きもの」の拒絶という行動に駆り立てるのです。レベルの低い菩薩等は、一見相反する高慢さと劣等感を表裏に併せ持って屈折している落ちこぼれ組なのです。

そのような相手に「間違いを指摘して改善を勧める」という従来のまっとうなやり方で正法を説けば、法難《ほうなん》（正しき法を説くことで受ける苦難）に見舞われるのは必至です。そこで常不軽菩薩がなしたのはひたすら「礼拝讃嘆」することでした。「礼拝讃嘆」とは、相手の仏性《ぶっしょう》を重んじてほめ讃えることですが、具体的に常不軽がまずなしたのは「決して相手を否定しない」ということでした。明らかに悪く見える相手に対しても、彼らが増上慢であるがゆえに、非難をしないことで反発を抑え、法難回避に努めたのです。

しかし、その常不軽菩薩の努力をもってしても、レベルの低い菩薩たちの暴挙を100パーセント抑えることはできません。

『是《こ》の語《ことば》を説《と》く時《とき》、衆人《しゅにん》或《あるい》は杖木《じょうもく》・瓦石《がしゃく》を以《もっ》て之《これ》を打擲《ちょうちゃく》すれば、避《さ》け走《はし》り遠《とお》く住《じゅう》して、猶《な》ほ高聲《こうしょう》に唱《とな》へて言《い》はく、我敢《われあえ》て汝等《なんだち》を輕《かろ》しめず、汝等皆當《なんだちみなまさ》に作佛《さぶつ》すべしと。』(490頁)

〔常不軽菩薩が礼拝讃嘆すると、中には、杖や棒で叩いたり、石や瓦を投げつけたりする者もいましたが、常不軽菩薩は走って逃げて遠くから「私はあなたを軽んじません。なぜなら、あなたは仏になる種を具えた人だからです。」と唱えつづけました」

という描写から浮かび上がるのは、理不尽な苦難に遭《あ》おうとも、それをしなやかにかわしながら相手を導こうとする常不軽菩薩の姿です。常不軽は上手に法難を避《よ》けながら相手の仏性を信じて言いつづけます。「あなたは必ず仏になる方です」と。その言葉の裏にあるのは、無意識の劣等感に苛《さいな》まれている相手への励ましの気持ちです。「私はあなたの仏性を敬います。あなたも自分の中に仏となるべき仏性があることを信じてください。」という祈りが常不軽の行いにより伝えられているのです。常不軽菩薩が繰り返す礼拝讃嘆行は、そのようにして相手の仏性を目覚めさせる行為なのです。

常不軽菩薩の根気強い励ましにより、「自分たちには成仏など関係ない」と頑《かたく》なだったレベルの低い菩薩たちの心にも徐々に変化が現れます。それに比例するように、苦難にひるまず彼らと関わりつづけた常不軽にも大きな成長が見られるのでした。それが先に引用した部分にあった、六根清浄・大神通力・楽説弁力・大善寂力などの徳器の成就です。美しい心で真理を見通し、心のままに述べることはまさに法そのもの、また、その佇まいは法身の静かな光に溢れている—。

その崇高さはレベルの低い菩薩たちの目にも歴然と映り、常不軽の説くところに耳を傾けずにはいられなくなります。そして、彼らはやがて素直に常不軽菩薩の背中を追おうとするようになるのでした。

常不軽菩薩が成し遂げたのは「行い」による真理の証明でした。正論を並べ立てて理屈で法を説明するのではなく、まずは相手を献身的に励まして仏性を目覚めさせ、その後、身をもって見本を示す実践としての伝法です。経に『此《こ》の比丘《びく》、専《もっぱ》らに經典《きょうでん》を讀誦《どくじゅ》せずして、但禮拜《ただらいはい》を行《ぎょう》ず。』（489頁）〔この比丘は経典の読誦に専心するのではなく、ただ礼拝して回るばかりでした〕とあるのも、その「行い」の重要性を強調するためです。浄行時代末期には何よりも、常不軽菩薩がなしたような「行い」の実践が求められるのです。

常不軽行の功徳

冒頭で法の原理として見ましたように、修行でもたらされる功徳は六根清浄です。それは時代を超えて普遍的なものですから常不軽行にもいえることですが、常不軽の行によりもたらされる結果として特徴的なのは、『壽命《じゅみょう》を増《ま》す』（491頁）と表される功徳です。これが何を意味しているかについては経中で次のように明らかにされています。

『是《こ》の菩薩《ぼさつ》復《また》千萬億《せんまんおく》の衆《しゅう》を化《け》して、阿耨多羅三藐三菩提《あのくたらさんみゃくさんぼだい》に住《じゅう》せしむ。

命終《みょうじゅう》の後《のち》二千億《にせんおく》の佛《ほとけ》に値《あ》ひたてまつることを得《う》、皆日月燈明《みなにちがつとうみょう》と號《なづ》く。其《そ》の法《ほう》の中《なか》に於《おい》て是《こ》の法華經《ほけきょう》を説《と》く。是《こ》の因縁《いんねん》を以《もっ》て復二千億《またにせんおく》の佛《ほとけ》に値《あ》ひたてまつる、同《おな》じく雲自在燈王《うんじざいとうおう》と號《なづ》く。此《こ》の諸佛《しょぶつ》の法《ほう》の中《なか》に於《おい》て受持《じゅじ》讀誦《どくじゅ》して、諸《もろもろ》の四衆《ししゅう》の爲《ため》に此《こ》の經典《きょうでん》を説《と》くが故《ゆえ》に、是《こ》の常眼清淨《じょうげんしょうじょう》・耳《に》・鼻《び》・舌《ぜつ》・身《しん》・意《い》の諸根《しょこん》の清淨《しょうじょう》を得《え》て、四衆《ししゅう》の中《なか》に於《おい》て法《ほう》を説《と》くに、心畏《こころおそ》る、所《ところ》なかりき。得大勢《とくだいせい》、是《こ》の常不輕菩薩摩訶薩《じょうふきょうぼさつまかさつ》は、是《かく》の如《ごと》き若《そこ》干《ばく》の諸佛《しょぶつ》を供養《くよう》し恭敬《くぎょう》・尊重《そんじゅう》・讃歎《さんだん》して、諸《もろもろ》の善根《ぜんこん》を種《う》ゑ、後《のち》に復千萬《またせんまん》億《おく》の佛《ほとけ》に値《あ》ひたてまつり、亦諸佛《またしょぶつ》の法《ほう》の中《なか》に於《おい》て是《こ》の經典《きょうでん》を説《と》いて、功《く》徳成就《どくじょうじゅ》して當《まさ》に作佛《さぶつ》することを得《え》たり。』（491頁）

〔この菩薩はそのように多くの人々を教化して最正覚へと導きました。そして、その寿命が終わった後、その菩薩はまた二千億の仏に遇うことができました。その仏様はすべて日月燈明というお名前でした。それらの仏様の御許でも常不軽菩薩は法華経を修め人々に説きました。この功徳により常不軽菩薩はさらに二千億の仏様とのご縁に恵まれました。それらの仏様のお名前は、皆、雲自在燈王でした。常不軽菩薩はそれらの仏様の御許においても法を学び、人々のために説き明かしましたので、清浄な六根を得ることができました。そして、多くの人々の中で法を説くのに、畏れの気持ちが湧くことはなくなりました。

得大勢よ、この常不軽菩薩はこのように数多くの仏様をご供養し、心から敬い、尊び崇め、讃嘆して、諸々の善のルーツである仏心を自らに根づかせ、後にまた千万億の仏様に遇いたてまつり、各仏様の御許で修めた法華経を説きました。そして、それらの功徳がついに成就して、完璧に仏となることができたのでした」

文脈から明らかなように、経中に『壽命《じゅみょう》を増《ま》す』（491頁）という形で出てくる「寿命」は霊魂の寿命を表すものです。

既に学びましたように、いわゆる「輪廻転生」というものは永遠に繰り返されるものではなくタイムリミットがあります。浄行時代が終わるまでに霊魂レベルが菩薩以上になっていなければ、次の安立行時代での「生まれ変わり」はありません。これはすなわち、菩薩レベルに達していない霊魂はある時点で寿命を迎えることを意味します。すべての魂が永遠に生きつづけるわけではないのです。したがって、常不軽菩薩品でいうところの「寿命が増す」とは、次代にも引き続き人間として生を受けてゆけることを意味します。

ただし、常不軽菩薩は既に菩薩位に達しており、安立行時代にも人間として生まれ出る資格を有していますので、ここでは霊魂の寿命が増すことのみを表面的に捉えるべきではなく、その結果である「修行期間の延長」や「修行機会の増加」という実質的意味合いに目を向けることが肝要です。

引用部にある常不軽菩薩が日月燈明仏や雲自在燈王仏の下で修行を積むという描写は、霊魂の寿命が延びて何度も人間として生まれては修行を重ね、成仏に近づいてゆくという本化菩薩の成長の様を表しているものです。菩薩となってからも先は長く、仏と成るにはさらに高度な修行を積んでゆかねばなりません。

常不軽の行はその内容から高度な修行と理解できますが、最終的に常不軽は「作仏」したと記されていることからそのレベルの高さをはっきり知ることができます。

「仏に成る」ことは、

成仏《じょうぶつ》‥‥頭の理解（考え）が仏となる。

得仏《とくぶつ》‥‥心の働き（思い）が仏となる。

作仏《さぶつ》‥‥他を教化して仏を作り、自らの成仏の証明が立てられる。

の三段階に分解して説かれることがあり、作仏は成仏の最終段階に位置づけられています。

この観点で捉えますと、常不軽菩薩はレベルの低い菩薩等の仏性を目覚めさせて成仏に導きましたから、まさしく「作仏」を果たしたことになるわけです。

この意味から常不軽の行は「作仏行」ということもできますが、この品でも見ましたように、作仏行というものは、苦難も多く、なしがたいものであります。しかし、自らの完璧な成仏を目指しながら地上の仏国土化を願う本化菩薩にとっては避けては通れない課題であり、ありがたい任務であるとも捉えられるでしょう。

以上のように、常不軽の行によりもたらされる功徳は、小乗的には行人の修行のチャンスの増大とその成果としての作仏、大乗的には人々のレベルを底上げすることによる地上の仏国土化の促進、の二点にまとめられるでしょう。

常不軽菩薩行の総括

常不軽行について詳しく見てきたところで、再び経典に目を転じてみますと、常不軽菩薩について説かれたお釈迦様はお話を総括するように、次のように述べておられます。

『得大勢《とくだいせい》、意《こころ》に於《お》いて以何《いかん》、爾《そ》の時《とき》の常不輕菩薩《じょうふきょうぼさつ》は豈《あ》に異人《ことひと》ならんや、則《すなわ》ち我《わ》が身是《みこ》れなり。若《も》し我宿世《われしゅくせ》に於《お》いて此《こ》の經《きょう》を受持《じゅじ》し讀誦《どくじゅ》し、佗人《たにん》の為に説かずんば、疾く阿耨多羅三藐三菩提を得ること能はじ。我先佛《われせんぶつ》の所《みもと》に於《おい》て此《こ》の經《きょう》を受持《じゅじ》し讀誦《どくじゅ》し、人《ひと》の爲《ため》に説《と》きしが故《ゆえ》に、疾《と》く阿耨多《あのくた》羅三藐三菩提《らさんみゃくさんぼだい》を得《え》たり。』（492頁）

〔得大勢よ、どのように思いますか。その時の常不軽菩薩というのは、他の誰でもなくこの私でありました。もし私が前の世において、この法華経の教えを受持し、読誦し、他の人のために説かなかったなら、速やかに最正覚を得ることはできなかったでありましょう。前世でご縁のあった各仏様の御許においてこの教えを受持し、読誦し、人のために説いたからこそスムーズに悟りの最高峰に至ることができたのです〕

この部分ははじめにお釈迦様が示された法の原理の普遍性と表現の多様性が常不軽の行にも見て取れることを改めて明らかにするものです。

常不軽の行は浄行時代末期に必要となる修行法でありますが、経では「お釈迦様が過去世で行った修行」と説かれているため混乱が生じるかもしれません。しかし、ここでは時間の観念は意味を持ちません。

お釈迦様がおっしゃっているのは、常不軽の行も「行えば必ず功徳が得られ成仏に近づいてゆける」という原理が生きるお釈迦様直伝の「法」であるということです。

常不軽菩薩の法の表現および伝法方法は過去世のものとは趣《おもむき》が異なって見えますが、本質的には何ら変わることはありません。いつの時代にあっても修行の本質は法を伝えることであり、それにより功徳がもたらされ、悟りも深まり、最終的には仏と成れるものであることを強調されることで、お釈迦様は常不軽菩薩品の位置づけを明白にしてくださっているのです。

常不軽菩薩品に込められたお釈迦様の思い

人間を救済してくださろうとするお釈迦様の深い思いは法華経のあら

ゆるところから感じ取ることができるものですが、常不軽菩薩品もお釈迦様のご慈悲に満ちた品となっております。何にも増してそのご慈悲の深さを感じますのは、罪を犯した過去を持つレベルの低い者も本化菩薩として救済の対象に含まれている点です。

彼らは法に逆らったことにより、地獄界や畜生界で罪の償いをすることになりましたが、輪廻転生を繰り返した末に、幸いにも期限内に再び人間として生まれ出ることができました。彼らは間違いを犯したかもしれませんが、よいこともしていたのでしょう。そのわずかな「善」により、一縷《る》の救済のチャンスがもたらされたのです。それは制限時間ぎりぎりの最後のチャンスです。もし、再び罪を犯すようなことがあれば救済の糸はぷつりと断たれ、人間界に上がってくることは二度とありません。

　そのようなレベルの低い菩薩の命運を握るのは救済を実行する側の本化菩薩ですが、彼らに対してもお釈迦様はご配慮くださり、常不軽行という形で法難を避《よ》ける方法を伝授してくださりました。

　常不軽行は行力の高い本化菩薩が法を説く際に余計な苦労をしないで済むようにというお釈迦様のご慈悲に満ちたお教えですが、根底には、レベルの低い菩薩たちに罪を犯させまいとする細やかなお心遣いも感じられます。お釈迦様の手足となって任務を果たそうとする本化菩薩であるならば、そのお気持ちの部分での共感・共鳴が自然に生じることでしょう。
お気持ちのところでさらにいえば、救済範囲を底辺まで広げ、一人でも多くの者を成仏道に入らしめると共に、ある程度のレベルの者には高度な修行を課し、さらに上に引き上げようとされているところにお釈迦様のお志の高さとご意志の強さを感じずにはいられません。お釈迦様のご慈悲とは、
『我本誓願《われもとせいがん》を立《た》て、一切《いっさい》の衆《しゅう》をして我《わ》が如《ごと》く等《ひと》しくして異《ことな》ることなからしめんと欲《ほっ》しき』（110頁）
というご決意に下支えされた強靭なものです。強さを具えていなければ、

他を慈しむことはできないのです。

このように常不軽菩薩品で説かれている内容の理解が深まりますと、お釈迦様が、この世とそこに生きる人間をどのようにご覧になり、どのような思いで関わってくださっているかが想像でき、多少なりともお釈迦様に近づけるような気が致します。すると、自らが人間として生まれてこられたことに感謝し、同じく幸いにも人間として生まれてこられた他の人も慈しまずにはいられないような心持ちになってまいります。成仏できる可能性のある人間に生まれてこられるということは何と素晴らしいことなのでしょう。

冒頭で見ましたように、この品の聞き手は得大勢菩薩摩訶薩と称される高い精神性を具えた本化菩薩です。そして、彼らが身を置く浄行時代末期はレベルの低い菩薩も多い時代です。地上の仏国土化を強く願う得大勢菩薩にとって、低レベルな菩薩は歯がゆい存在に違いありません。何しろ、法を伝えようにも聞く耳を持たない者ばかりなのですから、「法に縁がない」としか思えず、投げ出したい気持ちにも駆られることでしょう。

しかし、常不軽菩薩品のご説法を黙って静かにお聞きしているうちに、得大勢菩薩の中にも深い悟りが芽生え、精神レベルの劣る者を見る目も変わってきます。

―彼らの中にも仏性があるのだ―と。

そして、常不軽菩薩の行いに比べれば自分たちの努力はまだまだ足りないことにも気がつきます。

―身をもって法を説いたか―

―仏性を目覚めさせる行いをなしたか―

お釈迦様の深いご慈悲と救済にかけられる強い思いを感じとった得大勢菩薩の中には、もはや悩み迷う気持ちは微塵もなく、ひたすら礼拝讃嘆行を行おうという決意に満ちているのでした。「常不軽菩薩の行法によれば必ず底辺にいる本化菩薩も拾い上げられるし、自らの成仏も果たせる…」そのような確信から勇気も限りなく湧いてきます。

お釈迦様は得大勢菩薩の心境の変化を見極められるとご説法をまとめられ、絶妙のタイミングで励ましのお言葉をお贈りになり、ご説法を終えられました。

最後にそのお釈迦様のまとめのお言葉をゆっくりたどりながら、常不軽菩薩品でのお教えを噛みしめ、心にとどめることに致しましょう。

『過去《かこ》に佛《ほとけ》いましき　威音王《いおんのう》と號《なづ》けたてまつる　神智無量《じんちむりょう》にして　一《いっ》

切《さい》を将導《しょうどう》したまふ　天人龍神《てんにんりゅうじん》の　共《とも》に供養《くよう》する所《ところ》なり　是《こ》の佛《ほとけ》の滅後《めつご》法盡《ほうつ》きなんと欲《ほっ》せし時《とき》　一《ひと》りの菩薩《ぼさつ》あり　常不輕《じょうふきょう》と名《なづ》く　時《とき》に諸《もろもろ》の四衆《ししゅう》　法《ほう》に計著《けいじゃく》せり　不輕菩薩《ふきょうぼさつ》　其《そ》の所《ところ》に往《ゆ》き到《いた》つて　而《しか》も之《これ》に語《かた》つて言《い》はく　我《われ》汝《なんじ》を輕《かろ》しめず　汝等道《なんだちどう》を行《ぎょう》じて　皆將《みなまさ》に作佛《さぶつ》すべしと　諸《しょ》人《にん》聞《き》き已《おわ》つて　輕毀罵詈《きょうきめり》せしに　不輕菩薩《ふきょうぼさつ》　能《よ》く之《これ》を忍受《にんじゅ》しき　其《そ》の罪畢《つみお》へ已《おわ》つて　命終《みょうじゅう》の時《とき》に臨《のぞ》んで　此《こ》の經《きょう》を聞《き》くことを得《え》て　六根清《ろっこんしょう》淨《じょう》なり　神通力《じんつうりき》の故《ゆえ》に　壽命《じゅみょう》を増益《ぞうやく》して　復諸人《またしょにん》の爲《ため》に　廣《ひろ》く是《こ》の經《きょう》を説《と》く　諸《もろもろ》の著法《じゃくほう》の衆《しゅう》　皆菩薩《みなぼさつ》の　教化《きょうげ》し成就《じょうじゅ》して　佛道《ぶつどう》に住《じゅう》せしむることを蒙《こうむ》る　不輕命終《ふきょうみょうじゅう》して　無數《むしゅ》の佛《ほとけ》に値《あ》ひたてまつる　此《こ》

の經《きょう》を説《と》くが故《ゆえ》に　無量《むりょう》の福《ふく》を得《え》　漸《ようや》く功徳《くどく》を具《ぐ》して　疾《と》く佛道《ぶつどう》を成《じょう》ず　彼《か》の時《とき》の不輕《ふきょう》は　則《すなわ》ち我《わ》が身是《みこ》れなり　時《とき》の四部《しぶ》の衆《しゅう》の　著法《じゃくほう》の者《もの》の　不輕《ふきょう》の　汝當《なんじまさ》に作佛《さぶつ》すべしといふを聞《き》きしは　是《こ》の因緣《いんねん》を以《もっ》て　無數《むしゅ》の佛《ほとけ》に値《あ》ひたてまつる　此《こ》の會《え》の菩薩《ぼさつ》　五百《ごひゃく》の衆《しゅう》　幷及《ならび》に四部《しぶ》清信士女《しょうしんじにょ》の　今我《いまわ》が前《まえ》に於《お》いて　法《ほう》を聽《き》く者是《ものこ》れなり　我前世《われぜんせ》に於《お》いて是《こ》の諸人《しょにん》を勸《すす》めて　斯《こ》の經《きょう》の　第一《だいいち》の法《ほう》を聽受《ちょうじゅ》せしめ　開示《かいじ》して人《ひと》を教《おし》へて　涅槃《ねはん》に住《じゅう》せしめ　世々《せせ》に　是《か》の如《ごと》き經典《きょうでん》を受持《じゅじ》しき　億々萬《おくおくまん》劫《ごう》より　不可議《ふかぎ》に至《いた》つて　時《とき》に乃《いま》し　是《こ》の法華經《ほけきょう》を聞《き》くことを得《う》　億々《おくおく》萬劫《まんごう》より　不可議《ふかぎ》に至《いた》つて　諸佛世尊《しょぶつせそん》　時《とき》に是《こ》の經《きょう》を説《と》きたまふ　是《こ》の

故《ゆえ》に行者《ぎょうじゃ》　佛《ほとけ》の滅後《めつご》に於《おい》て　是《かく》の如《ごと》き經《きょう》を聞《き》いて　疑惑《ぎわく》を生《しょう》ずることなかれ　應當《まさ》に一心《いっしん》に　廣《ひろ》く此《こ》の經《きょう》を説《と》くべし　世々《せせ》に佛《ほとけ》に値《あ》ひたてまつりて　疾《と》く佛道《ぶつどう》を成《じょう》ぜん』（494頁）

〔過去世に威音王仏という仏様がおられました。その仏様は人知では計り知れないほど不思議で優れた智慧をお持ちになり、一切の衆生を率い導いておられました。天人・人間から龍神まで、皆、その仏様をご供養申し上げておりました。

この仏様がご入滅され、そのお教えも忘れ去られようとする頃、常不軽という名の菩薩がおりました。その頃は、法を自分勝手に解釈し、それにとらわれている人々が大勢おりましたが、常不軽菩薩はそのような人々に近づいて行っては、「私はあなた方を軽んじません。なぜならば、あなた方は菩薩道を行じて必ず仏になる方々だからです。」と言って回っておりました。

人々はそれを聞くと、馬鹿にして悪口を言ったり、ひどい言葉で罵ったりしましたが、常不軽菩薩はじっと堪え忍び、彼らに対する礼拝讃嘆を続けたのでした。

その過程において、常不軽菩薩は自分の未熟さを悟り、懺悔をし、残る行を修めましたので、命が終わろうとする間際になって法華経を聞くことができ、六根清浄となりました。そして、神通力を用いて自らの寿命を延ばし、さらに多くの人々にこの経の教えを説き広めたのでした。

神通力により寿命を延ばすという奇跡を目の前にしたことで、増上慢の人々も常不軽菩薩の教化を受け入れることとなり、仏道に入ることができました。

常不軽菩薩の方は、その功徳により何度も生まれ変わって、その都度、仏様とのご縁に恵まれました。いずれの仏様の御許でもこの法華経に示された法の真髄を適切な方法で説いたため、計り知れない福徳がもたらされましたし、次第に功徳が身に具わってきましたので、速やかに成仏することができたのでした。

その時の常不軽菩薩というのは、とりもなおさず、この私自身に他なりません。

増上慢の者たちは常不軽菩薩に「あなたは必ず仏になれます」と言われたことで仏性が呼び覚まされ、その後、無数の仏様に遇いたてまつることができたのですが、実は、今この法会に集まって私の説法を聴受している人々がその人たちだったのです。

私は別の前世において、これらの人々にこの経の第一番目の教えである四諦の法門から始めて、様々な表現・手段で「法」を教え示して、涅槃の境地に導いてきました。私はそのように世々に渡ってこの法華経の教えを受持してきたのです。

彼らは億々万劫という果てしない時を経て、今やっとしかるべき時を迎えたからこそ、諸仏世尊はこの経を説くのです。

ですから、行者たちよ、この常不軽菩薩品を聞いて疑惑を抱いてはなりません。教えを信じて一心に法を説き広めるのです。そうすれば生まれ変わる毎に仏様にご縁があり、速やかに仏に成ることができるでありましょう」

―行者、仏の滅後において、まさに一心に広くこの経を説くべし―

第二章

妙法蓮華経如来神力品第二十一の解説

第二章　妙法蓮華経如来神力品第二十一《みょうほうれんげきょうにょらいじんりきほん》の解説《げせつ》

如来神力品は神力の要点を明かした品

品名で示されておりますように、如来神力品は仏様の神力について説かれた品です。神力に関する記述は、法華経中の各所に見られますが、この神力品は、無量義経十功徳品第三・妙法蓮華経法師品第十および法師功徳品第十九を結びつける「要」となっている点が特徴です。したがって、神力品はそれらの品との関係性を見てゆくことで理解が深まり、「神力」

についての総合的理解が得られるものです。神力品とそれら三品はどのような点でどのように結びついているのでしょうか。以前学んだことのおさらいをしながら、一段深い悟りを目指すことに致しましょう。

神力は法界についての悟りをもたらしてくれる力

神力品の主題である「神力」がいかなるものであるかを考える場合の入り口となりますのは、「神通力」について説かれている法師功徳品といえましょう。中でも大きなヒントとなりますのは、

神通力＝法界を知見する力

という定義です。

「神力」と「神通力」という言葉は同じような文脈で用いられることも多いですが、厳密にいえば、「発信」と「受信」の違いがあります。すなわち、本仏から発信されるものを「神力」、その神力を受け取る人間側の能力を「神通力」と意味的に区別できるのです。

この発信と受信の関係性を考慮しますと、先の「神通力」の定義から「神力」の定義が自ずと導きだされます。つまり、

・神通力＝法界を知見する修行者の力［受信］

であるならば、

・神力＝法界を知見させ、真実世界についての悟りをもたらしてくれる仏様のお力［発信］

といえるわけです。

この定義は、シンプルではありますが、神力品の核となる重要な概念です。そこで、続いては、「神力が法界についての悟りをもたらすとはどのようなことか」というテーマを軸に神力品本文を見てみることに致します。

四要示《しようじ》

結論からいえば、如来神力品は、お釈迦様が「神力とは何か」について定義的にお説きくださった一節にその要点が凝縮されています。その一節は、無量義経十功徳品との関わりが深く、『無量義経之要諦』においても引用したところですので、以前学んだことを思い出しながら、丁寧に読んでみることに致しましょう。

『爾《そ》の時《とき》に佛《ほとけ》、上行等《じょうぎょうとう》の菩薩大衆《ぼさつたいしゅう》に告《つ》げたまはく、
諸佛《しょぶつ》の神力《じんりき》は是《かく》の如《ごと》く無量無邊不可思議《むりょうむへんふかしぎ》なり。若《も》し我是《われこ》の神力《じんりき》を以《もっ》て、

無量《むりょう》無邊《むへん》百千萬億《ひゃくせんまんおく》阿僧祇劫《あそうぎこう》に於《お》て、囑累《ぞくるい》の爲《ため》の故《ゆえ》に此《こ》の經《きょう》の功德《くどく》を説《と》かんに、猶《な》ほ盡《つ》くすこと能《あた》はじ。要《よう》を以《もっ》て之《これ》を言《い》はゞ、如來《にょらい》の一切《いっさい》の所《しょ》有《う》の法《ほう》・如來《にょらい》の一切《いっさい》の自在《じざい》の神力《じんりき》・如來《にょらい》の一切《いっさい》の祕要《ひよう》の藏《ぞう》・如來《にょらい》の一切《いっさい》の甚深《じんじん》の事《じ》、皆此《みなこ》の經《きょう》に於《お》いて宣示顯説《せんじけんぜつ》す。是《こ》の故《ゆえ》に汝等如來《なんだちにょらい》の滅後《めつご》に於《お》て、應當《まさ》に一心《いっしん》に受持《じゅじ》・讀誦《どくじゅ》し解説《げせつ》・書寫《しょしゃ》し説《せつ》の如《ごと》く修行《しゅぎょう》すべし。』（502頁）

〔お釈迦様は（偉大な神力を見せられると）上行菩薩をはじめとする四大菩薩に向かって仰せになりました。

「私に具わっている力はこのように無限であり、人知では計り知れないほどのものです。ですから、それがどのようなものであるかを後の世での任務を託すあなた方に説き伝えようとしたところで、すべてを説き尽くすことはできません。

　しかし、強いて要約していえば、神力とは四つの悟りをもたらす力、すなわち、如来《①所有の法》の悟った一切の真理の法を悟らしめる力、如来《②自在の神力》に具わるすべての力と働きを授ける力、如来《③秘要の蔵》が仏智慧によって得た諸法の実相を知見させる力、如来《④甚深の事》が見出した事象の根底にある因果・縁起の法理を覚知させる力であり、その力により引き起こされる現象（功徳）の具体例は、この法華経中（無量義経十功徳品）で明らかに宣《の》べ示しているとおりです。

　神力はそのように素晴らしいものですから、私の滅後においても、そ

の神力がもたらす功徳を得られるように、一心に法華経を受持・読誦・解説・書写し、教えのとおり修行に励みなさい」〕

表現は少々難しいかもしれませんが、ここで説かれていますのは、・神力は四つの悟りをもたらすものである

ということです。

「悟り」とは、思考性と心を成長・成熟させ、人を仏に近づける成仏の種のようなものですが、引用部においてその成長の種は、所有の法・自在の神力・秘要の蔵・甚深の事として表されています。これら四種の成

仏の種は総じて「四要示」と称されますので、引用部でのお釈迦様のご説明は、「神力は四要示という悟りをもたらすものである」というシンプルな形で捉えることができます。ここに、先に見た神力の定義、すなわち、「神力は法界を知見させ、真実世界についての悟りをもたらしてくれるもの」という定義を加えてみますと、

四要示＝法界の悟り

であることが導きだされます。つまり、神力は法界の悟りをもたらすものであり、法界の悟りは四要示として四通りに表現され得るということが見えてくるのです。

それでは、四要示として表現される「法界の悟り」とはどのようなものなのでしょうか。ここで重要な鍵となるのが十功徳品とのつながりです。十功徳品第三の解説で触れましたように、先の引用部にあった『皆《みな》此《こ》の經《きょう》に於《おい》て宣《せん》示《じ》顯《けん》説《ぜっ》す』の一節は、神力品と十功徳品との関連を密かに表しているもので、内容的には「四要示の具体的な内容が十功徳」という関係でつながっております。つまり、仏に成るために欠かせない「法界の悟り」は、神力品で四通りに表現され、十功徳品では十種の功徳として具体的に示されているというわけです。

ただし、厳密にいえば、四要示と十功徳の間には、神力と神通力の関係と同様の視点による区別があります。すなわち、四要示が仏様側から見た神力の説明であるのに対して、功徳は神力を受信する修行者側の視点で捉えられる現象ということです。

この点は神力の理解を深める上での一つの前提となりますので、その関係性を踏まえて、十功徳を四要示に分類し、要点を抽出・総覧し、「法界の悟り」がどのようなものなのかを掴んでゆくことに致します。

四要示	一、所有の法	如来が悟った真理の法
十功徳		③船師不思議力　⑤龍子不思議力　⑥治等不思議力　⑩登地不思議力

（第一の功徳は①のように示す。以下同じ）

四要示の第一で神力は「所有の法」という悟りをもたらすものとして説かれています。意訳に記しましたように、「所有の法」の意味するところは「如来が悟られた真理の法」であり、さらに「真理の法」が何かといえば、「法界・法身こそが一切の存在の主体である」という真実です。つまり、ここで神力は、「法界・法身が存在の主体である」という悟りをもたらすものと明かされているわけです。そして、その「法界・法身が存在の主体であると悟ること」の具体例が、十功徳品で第三、第五、第六、第十の功徳として示されています。

③　船師不思議力

第三の船師不思議力において「法界・法身が存在の主体と悟ること」は、船頭（船師）が船を自在にあやつるように、法身が煩悩を自在にコントロールする状態になることとして説かれています。そして、永遠不滅の法身（真我《しんが》）が人間存在の主体となることで、最終的には「煩悩の死」

に対する恐怖心がなくなることも功徳の内容としてあげられています。つまり、この第三の功徳では、「煩悩に翻弄されることがなくなる」ことが「法界・法身が存在の主体と悟ること」の具体例として説かれているのです。

⑤　龍子不思議力

第五の龍子不思議力は「天空を動かして大乗的な苦を回避できる功徳」ですが、この功徳の土台にあるのは、「一見、現実のすべてと思われるこの世（煩悩世界）は有限の幻の世界であり、真に実存しているのは不滅の法界である」という所有の法の悟りです。現象の根本にある真実世界（法界）に働きかける（＝法界主体で行動する）ことで、その幻影である煩悩世界を動かせるようになるからこそ、大乗的な苦も回避できるのです。

⑥　治等不思議力

第六の治等不思議力は、煩悩に起因する四苦八苦を止めることで他者を救うことができる功徳力です。仏様から戴《いただ》いた神力は、法を説くことで他の人々にも伝わり、法を聞いた相手にも所有の法の悟りをもたらします。つまり、伝法により「煩悩世界・煩悩主体」だった人々を「法界・法身主体」へと導いて、煩悩にまつわる苦から救えることが、所有の法を得たことの証明の一つなのです。

⑩　登地不思議力

第十の登地不思議力は、お釈迦様と一心同体となり、お釈迦様の手足として荘厳仏国土成満のために動けるようになる功徳です。お釈迦様と一心同体になることは「法界・法身主体」の究極の状態です。神力はその究極の状態をもたらす偉大な力なのです。

二、自在の神力

如来に具わるすべての力と働き　四要示

②義生不思議力　十功徳

四要示の第二で神力は「自在の神力」をもたらすものとして説かれています。「自在の神力」は「如来に具わるすべての力と働き」と言い換えられるものですが、平たくは「法を自在に説ける能力」のことです。つまり、ここで神力のもたらす法界の悟りは「法を様々な表現・手段により説ける能力」と表されているわけです。そして、なにゆえにこの「法を自在に説ける能力」を得ることが「法界の悟り」を得ることとされているかについては、第二の功徳を見ることでわかってまいります。

② 義生不思議力

第二の義生不思議力について、十功徳品では

『若《も》し衆生《しゅじょう》あつて是《こ》の經《きょう》を聞《き》くことを得《え》ん者《もの》、若《も》しは一轉《いってん》、若《も》しは一《いち》偈乃至一句《げないしいっく》もせば、則《すなわ》ち能《よ》く百千億《ひゃくせんおく》の義《ぎ》に通達《つうだつ》して、無量數劫《むりょうしゅこう》にも受《じゅ》

持《じ》する所《ところ》の法《ほう》を演説《えんぜつ》すること能《あた》はじ。』（34頁）

〔この教えを一通り聞き、あるいはその中の一偈でも、またはただの一句でも聞いてそれを理解したならば、それだけで百千億の義に通じ、無限の年月をかけても説き尽くせないほどになる〕と表されています。

この一節からわかりますように、法を自在に説ける能力とは、一法、すなわち法界という真理を悟った上で、その一法を基とした義を自在に何通りも説ける能力です。つまり、法界という絶対世界と、煩悩世界という相対的な世界の関係に精通するということであり、これが「自在の神力」

と称される法界の悟りの具体的な内容です。神力はそのような法界の悟りをもたらし、絶対世界の法を相対世界で自由に展開できる能力を与えるものなのです。

三、秘要の蔵	如来が仏智慧によって得た諸法の実相	四要示
	④王子不思議力　⑦賞封不思議力　⑨抜済不思議力	十功徳

四要示の第三で神力は「秘要の蔵」という悟りをもたらすものと説かれています。「秘要の蔵」には「如来が仏智慧によって得た諸法の実相」

という意訳をあてましたが、より砕いていえば、「諸法の実相」とは、「現実世界のベースにある法理・法則」のことです。つまり、秘要の蔵で示されていますのは、目に見える世界を動かしている法界の法理についての悟りも神力により与えられるということです。そして、その「法理・法則を悟ること」の具体例が、第四、第七、第九の功徳として説かれています。

④　王子不思議力

第四の王子不思議力の内容は、
『諸佛《しょぶつ》の國王《こくおう》と是《こ》の經《きょう》の夫人《ぶにん》と和合《わごう》して、共《とも》に是《こ》の菩薩《ぼさつ》の子《みこ》を生《しょう》ず。』
（38頁）
の一節に集約されています。

秘要の蔵を意識してこの一節を読み下しますと、
「法身が主体となった修行者（諸仏の国王）が、お経を読んだり、ご説法を聞いたりすることを通して教えを理解（是の経の夫人と和合）すると、この世を動かしている法理の悟りがもたらされて信心が深まる（菩薩の子を生ず）」

となります。

つまり、書物やご説法を通じて法界の存在と動きを知り、それがこの世とどう関わっているかを悟るのも、神力により秘要の蔵がもたらされた場合の一事例というわけです。

⑦　賞封不思議力

第七の賞封不思議力は、
『是《こ》の身《み》に於《おい》て無生法忍《むしょうほうにん》を得《え》、生死《しょうじ》・煩悩一時《ぼんのういちじ》に断壊《だんえ》して、菩薩《ぼさつ》の第《だい》

七《なな》の地《じ》に昇《のぼ》らん』（43頁）

〔一切のものごとが不生不滅であるという法理（無生忍）を悟り、現象の変化に動揺しなくなる境地（忍）に達し、ものごとの移り変わりに翻弄される煩悩からも解放され、菩薩の第七の地に昇る〕

と表される功徳です。この七段目では、三昧による法界知見ができるようになり、より直接的に法界の動きを知ることができ、その結果、引用部のような功徳が得られます。

この法界知見は、法師功徳品で明かされていたような欲界の知見です。すなわち、地獄界から天人界までの欲界を輪廻する人々のありさまを知見することで、「思い」や「考え」という肉眼では捉えられない世界の事象が霊魂にどのような影響を及ぼし、さらにはそれが目に見える現実世界にどう反映されるかという法理・法則の悟りを得るわけです。

この欲界の知見は最終的に世界観の変換をもたらし、「肉眼で見ている世界はごく表面的なものであり、真実はその裏に広がる目に見えない法界にある」という形で世界を認知するようになります。

先に引用した十功徳品の一節は、このような一連の認知の変化が説かれたものです。第七の功徳を戴きますと、「法界こそがものの本質であり、この世のすべてのものや事柄は、その時々の因と縁との組み合わせによって生じ、形を成しているにすぎず、そこに実体はない」という真理の確信が深まります。つまり、この真理の確信があるからこそ、時々の因縁の組み合わせにより、生じ、変化し、滅するという現象の変化に動揺したり、翻弄されたりすることがなくなるのです。

以上のような欲界の知見による法理・法則の悟りと、それに基づく境界の変化も、秘要の蔵がもたらされた場合の具体例なのです。

⑨ 抜済不思議力

第九の抜済不思議力の要点は、「首楞厳《しゅりょうごん》三昧を得る」ということです。首楞厳三昧とは魔界を知見できる三昧です。魔界を知見しますと、魔性といわれる存在がいかなる役割を担い、いかなる形で人間と関わっているかを知ることができ、人間世界を動かしている法理・法則の理解の幅が広がります。

この首楞厳三昧を与えるのも神力の働きです。つまり、魔界も含む法界全体を知見することで得られる絶対的な法理・法則の悟りも「秘要の蔵」の悟りなのです。

四、甚深の事	如来が見出した事象の根底にある因果・縁起の法理	四要示
	①浄心不思議力　⑧得忍不思議力	十功徳

四要示の第四で神力は「甚深の事」という悟りをもたらすものと説かれています。意訳では「甚深の事」を「事象の根底にある因果・縁起の法理の覚知」としましたが、言い換えれば、「心が一切の因であると悟り、成仏の因である仏心を得る」というのがその内容となります。いわば、思考性と心の状態に変化が生じて仏様に近づくということでありますが、具体的には第一と第八の功徳で実例が示されております。

①　浄心不思議力

第一の浄心不思議力は、四無量心および六波羅密として説かれる「思考性」と「心の状態」が具わる功徳です。法界的に捉えれば、思考性と心の状態はまとめて「境界」と表せますので、浄心不思議力は境界が引き上げられる功徳ともいえます。つまり、この境界の変化こそが神力により「甚深の事」という悟りがもたらされた結果なのです。

⑧　得忍不思議力

第八の得忍不思議力も浄心不思議力同様、境界のレベルアップがもたらされる功徳です。

『戒《かい》・忍《にん》を堅固《けんご》にし、兼《か》ねて檀度《だんど》を行《ぎょう》じ、深《ふか》く慈悲《じひ》を發《おこ》して、此《こ》の無《む》上大乘無量義經《じょうだいじょうむりょうぎきょう》を以《もっ》て、廣《ひろ》く人《ひと》の爲《ため》に説《と》かん』（44頁）

〔戒波羅密（持戒の心）・忍波羅密（困難を堪え忍ぶ心）を堅固にし、施波羅密（人への施し）を行じ、深い慈悲の心を発《おこ》して、この最高の法である法華経の無量義経の教えを人々のために説くようになります〕

とありますように、この功徳を戴きますと、慈悲心がますます深まり、戒波羅密・忍波羅密・施波羅密という思考性と心のありようが身につきます。

これらは、他の人間を導こうとする場合にはなくてはならない仏の資質で、これが神力によりもたらされる甚深の事の内容です。

甚深の事という成仏の種がもたらされますと、修行者は、人と社会の真の幸福、すなわち、皆の魂の救済を心から願い、戒・忍・施波羅密をもってお釈迦様の説かれたお教えを献身的に伝えるようになります。このように、神力は人の生きる姿勢に根本的な変化をもたらし、完成に近づけるものなのです。

四大菩薩への指示

以上のように、四要示と十功徳の関連を一つひとつ押さえてみますと、神力がいかなるものかが見えてまいります。そして、その総括として浮かび上がってまいりますのは、

・修行者の成長（功徳）は神力によりもたらされるものである。ゆえに、成仏のためには神力がなくてはならない。

という、修行における神力の必要不可欠性です。

さて、ここで再度確認しておくべき重要な点は、今見てきた四要示に関するご説明が、

『爾《そ》の時《とき》に佛《ほとけ》、上行等《じょうぎょうとう》の菩薩大衆《ぼさつたいしゅう》に告《つ》げたまはく、…』（502頁）

と、上行菩薩をはじめとする四大菩薩に対して告げられたものであるということです。つまり、ここでのお釈迦様のお言葉は、時代を牽引し、本化菩薩を導く使命を負った四大菩薩へのご指示であったのです。お釈迦様はそのご指示として、まずは四要示を説くことで、修行における神力の不可欠性を示されたわけですが、続く部分においては、その神力を地上の修行者にもたらす手段・方法を次のように明かし、四大菩薩へ実行を求められたのでした。

『所在《しょざい》の國土《こくど》に、若《も》しは受持《じゅじ》・讀誦《どくじゅ》し解説《げせつ》・書寫《しょしゃ》し、説《せつ》の如《ごと》く修行《しゅぎょう》し、若《も》しは經巻所住《きょうがんしょじゅう》の處《ところ》あらん。若《も》しは園中《おんちゅう》に於《おい》ても、若《も》しは林中《りんちゅう》に於《おい》ても、若《も》しは樹下《じゅげ》に於《おい》ても、若《も》しは僧房《そうぼう》に於《おい》ても、若《も》しは白衣《びゃくえ》の舎《いえ》にても、若《も》しは殿堂《でんどう》に在《あ》っても、若《も》しは山谷曠野《せんごくこうや》にても、是《こ》の中《なか》に皆塔《みなとう》を起《た》て、供養《くよう》すべし。所以《ゆえ》は何《いか》ん、當《まさ》に知《し》るべし、是《こ》の處《ところ》は即《すなわ》ち是《こ》れ道場《どうじょう》なり。諸佛此《しょぶつここ》に於《おい》て阿耨多羅三藐三菩提《あのくたらさんみゃくさんぼだい》を得《え》、諸佛此《しょぶつここ》に於《おい》て法輪《ほうりん》を轉《てん》じ、諸佛《しょぶつ》此《ここ》に於《おい》て般涅槃《はつねはん》したまふ。』(502頁)

〔荘厳仏国土成満のための任務を背負った大菩薩たちよ、あなた方はこれから地上に降り立って法華経を説き、本化菩薩はその教えを受持・読誦・

解説・書写し、経のとおりに修行を積むことになります。そのような形であなた方が法華経を説き広める場合は、たとえその場が花園の中であろうと、林の中であろうと、樹木の下であろうと、僧房であろうと、在家信者の家であろうと、殿堂であろうと、山の谷間や広野であろうと、必ず多寶塔を起てて釈迦仏を迎え、供養を行いなさい。なぜならば、釈迦が座する多寶塔の下、正しき法が説かれる所だけが、真の仏道を修められる「道場」であるからです。仏に成った者は皆、そのような道場において最正覚を得、法を転じ、涅槃したのです」

一読すれば明らかなように、ここでお釈迦様は四大菩薩に、地上で法華経を説く際には、必ずお釈迦様の住処となる多寶塔を起てるよう指示を出しておられます。引用部では、「成仏は多寶塔を起ててお釈迦様をお迎えした道場でのみ叶う」ということがその理由としてあげられていますが、これはすなわち、塔本尊とすること（多寶塔を起ててお釈迦様をお迎えし、ご本尊としてご供養すること）こそが神力による功徳を修行者に得させる手段・条件であると明かすものです。

このお釈迦様のお言葉にはしっかりした法理的根拠があり、それは十功徳品の次の記述で明らかに示されています。

『善男子《ぜんなんし》、是《こ》の經《きょう》は本諸佛《もとしょぶつ》の室宅《しったく》の中《うち》より來《きた》り、去《さ》つて一切衆生《いっさいしゅじょう》の發《ほっ》菩提心《ぼだいしん》に至《いた》り、諸《もろもろ》の菩薩所行《ぼさつしょぎょう》の處《ところ》に住《じゅう》す。善男子《ぜんなんし》、是《こ》の經《きょう》は是《かく》の如《ごと》く來《きた》り是《かく》の如《ごと》く去《さ》り是《かく》の如《ごと》く住《じゅう》したまへり。是《こ》の故《ゆえ》に、此《こ》の經《きょう》は能《よ》く是《かく》の如《ごと》き無量《むりょう》の功徳不思議《くどくふしぎ》の力《ちから》あつて、衆《しゅう》をして疾《と》く無上菩提《むじょうぼだい》を成《じょう》ぜしむ。』（32頁）

〔善男子よ、神力は本仏の住処である多寶塔の諸々の部屋から出現し、成仏を目指し修行に励む人の心に至り、菩薩の行い（十功徳）として発現します。善男子よ、神力はこのように流れ来たり、人間の思考や行為に功徳をもたらします。このように、塔本尊という儀式を立てて正しく法を説く法師の下で法華経を修めれば、神力により量り知れない功徳がもたらされ、速やかに成仏を果たすことができるのです」

十功徳品の解説で見ましたように、ここで説かれていますのは、神力の流れる経路とそれによりもたらされる結果です。

ここにありますように、神力は滅度後のお釈迦様の住処である多寶仏塔から出現し、法華経の教えを学び修行を行う者の下に至り、思考や行為に功徳をもたらし、最終的には成仏に至らしめるものです。逆にいえば、修行の結果である功徳は、神力の出どころである多寶塔がなければ出現しないということで、これが塔を起ててお釈迦様をお迎えする儀式形式の根拠となるわけです。

以上がお釈迦様から四大菩薩に下されたご指示の内容ですが、注目すべきは、このご指示の内容が、法師品で学んだこととぴったり重なるということです。

法師品では、「多寶塔・法華経・法師の三宝がそろった場所で修行をすることが授記を得る条件である」という法理が、修行者に向けて明かされていましたが、神力品では同じ内容が、その授記の条件を整える側である四大菩薩へ、指示として説かれているわけです。すなわち、法師品で「法師」と称されていた存在は、他でもない「四大菩薩」のことであったのです。

「滅度後は四大菩薩がお釈迦様のご指示に従って、塔本尊という儀式形式を整えた場で法師として法華経を説き明かすことになっているから、本化菩薩はそのような場所を探して修行を積みなさい。そうすれば神力により功徳がもたらされ、速やかに成仏に近づくことができます。」という大切なメッセージが二つの品から聞こえてくるようです。

舌相《ぜっそう》至《し》梵天《ぼんてん》の相

以上、神力品の要点について一通り理解したところで、そもそも神力品がどのようなきっかけから、どのように展開されたものなのか、品をさかのぼってみることに致しましょう。

『爾《そ》の時《とき》に千世界微塵《せんせかいみじん》等《とう》の菩薩摩訶薩《ぼさつまかさつ》の地《じ》より涌出《ゆじゅつ》せる者《もの》、皆佛前《みなぶつぜん》に於《おい》て一心《いっしん》に合掌《がっしょう》して尊顔《そんげん》を瞻仰《せんごう》して、佛《ほとけ》に白《もう》して言《もう》さく、世尊《せそん》、我等佛《われらほとけ》の滅後《めつご》、世尊分身所在《せそんぶんしんしょざい》の國土《こくど》・滅度《めつど》の所《ところ》に於《おい》て、當《まさ》に廣《ひろ》く此《こ》の經《きょう》を説《と》くべし。所以《ゆえ》は何《いか》ん、我等《われら》も亦自《またみずか》ら是《こ》の眞淨《しんじょう》の大法《だいほう》を得《え》て、受持《じゅじ》・讀誦《どくじゅ》し解説《げせつ》・書寫《しょしゃ》して之《これ》を供養《くよう》せんと欲《ほっ》す。』（498頁）

〔その時に本化菩薩たちは、お釈迦様の御前で、皆、一心に合掌をして、ご尊顔を仰ぎ見ながら、次のように申し上げるのでした。

「お釈迦様、私どもはお釈迦様がご入滅になりました後は、お釈迦様の分身がおられる場所にて、必ずこの経を説き広めさせて頂きます。なぜならば、私たちもこの真実かつ清浄の大法を得て、受持・読誦・解説・書写することで自らを完成させると共に、地上の仏国土化に寄与するというご供養をさせて頂きたいからです」〕

と、冒頭にありますように、神力品は本化菩薩たちの決意表明から始まっています。お釈迦様のご説法は、この本化菩薩らの決意表明に応えられる形で始まるわけですが、その場には、本化菩薩のみならず、天界の者すべてが居合わせており、皆が固唾をのんで成りゆきを見守っておりました。

その緊迫した雰囲気は、すぐさまお釈迦様の大神力により打ち破られます。

『廣長舌《こうちょうぜつ》を出《いだ》して上梵世《かみぼんぜ》に至《いた》らしめ、一切《いっさい》の毛孔《もうく》より無量無数色《むりょうむしゅしき》の光《ひかり》を放《はな》つて、皆悉《みなことごと》く遍《あまね》く十方世界《じっぽうせかい》を照《てら》したまふ。衆《もろもろ》の寶樹下《ほうじゅげ》の師子座《ししざ》上《じょう》の諸佛《しょぶつ》も亦復《またまた》是《かく》の如《ごと》く、廣長舌《こうちょうぜつ》を出《いだ》し、無量《むりょう》の光《ひかり》を放《はな》ちたまふ。釋《しゃ》迦牟尼佛《かむにぶつ》及《およ》び寶樹下《ほうじゅげ》の諸佛神力《しょぶつじんりき》を現《げん》じたまふ時百千歳《ときひゃくせんざい》を満《まん》ず。然《しか》して後《のち》

に還《かえ》つて舌相《ぜっそう》を攝《おさ》めて、一時《いちじ》に謦欬《きょうがい》し、倶共《とも》に彈指《たんじ》したまふ。』（499頁）

〔お釈迦様がその徳相である長く大きい舌を出されると、そこからものすごい勢いで渦状の光が現れました。その光は一気にはるか彼方の梵天にまで届いたので、あたかもお釈迦様の舌がどこまでものびたように見えました。お釈迦様の全身からは強い光が出て、遍く十方世界を明るく照らし出しています。

すると、美しい樹々の下の師子座にお座りになっておられる諸仏も、お釈迦様と同じように舌がのびたように見える広長舌の相を現じられ、お体からは明るい光を放たれました。このお釈迦様と諸仏が現じられた神力の威力は絶大であり、あっという間に全宇宙を光で満たしたのでありました。

しばらくすると、仏様方はその舌相をさっとおさめられました。そして、一斉に咳払いをされ、指をパチンと鳴らされました」

なんとも不可思議な光景で、その場にいた本化菩薩は意味もわからず、ただただただその威力に圧倒されてしまいます。しかし、諸仏は違います。皆がその意味を了解しており、だからこそお釈迦様と同じ相を現じられたのでした。

「舌相至梵天の相」といわれるその相は、お釈迦様が真実を明かす場合に現されるサインのようなものです。仏様方はそのサインを確認しあった後に、謦欬《きょうがい》（咳払い）と弾指《たんじ》（指をパチンと鳴らすこと）で合図をし、いよいよ真実の内容が皆の眼前に示されることとなったのでした。

『是《こ》の二《ふた》つの音聲《おんじょう》、遍《あまね》く十方《じっぽう》の諸佛《しょぶつ》の世界《せかい》に至《いた》つて、地皆六種《じみなろくしゅ》に震動《しんどう》す。其《そ》の中《なか》の衆生《しゅじょう》、天《てん》・龍《りゅう》・夜叉《やしゃ》・乾闥婆《けんだつば》・阿脩羅《あしゅら》・迦樓羅《かるら》・緊那羅《きんなら》・摩睺羅伽《まごらが》・人非人等《にんぴにんとう》、佛《ほとけ》の神力《じんりき》を以《もっ》ての故《ゆえ》に、皆《みな》此《こ》の娑婆世界《しゃばせかい》の無量無《むりょうむ》邊百千萬億《へんひゃくせんまんおく》の衆《もろもろ》の寶樹下《ほうじゅげ》の師子座上《ししざじょう》の諸佛《しょぶつ》を見《み》、及《およ》び釋迦牟尼佛《しゃかむにぶつ》、多《た》寶如來《ほうにょらい》と共《とも》に寶塔《ほうとう》の中《うち》に在《ましま》して、師子《しし》の座《ざ》に坐《ざ》したまへるを見《み》たてまつり、又無量無邊百千萬億《またむりょうむへんひゃくせんまんおく》の菩薩摩訶薩《ぼさつまかさつ》及《およ》び諸《もろもろ》の四衆《ししゅう》の、釋迦牟尼佛《しゃかむにぶつ》を恭敬《くぎょう》し圍繞《いにょう》したてまつるを見《み》る。既《すで》に是《こ》れを見已《みおわ》つて、皆大《みなおおい》に歓喜《かんき》して未曾有《みぞう》なることを得《う》。』（499頁）

〔この二つの音は遍く宇宙全体に響き渡り、大地はどこもかしこも震え動きました。そして、この宇宙のすべての生きとし生ける者、すなわち、天人・龍神・夜叉・乾闥婆・阿修羅・迦樓羅・緊那羅・摩睺羅伽の八部衆、および、人間、そして人間以外の生き物は皆、仏様の神力によって、娑婆世界の師子座に座っておられる諸仏のお姿や、お釈迦様が多寶仏如来と共に多寶塔内の師子座に座しておられるのを拝見することができました。また、無量の菩薩たちと、その他の出家・在家の修行者らが、お釈迦様を取り囲んで、慎み深く敬う様子も見えました。そのような様子を見て、その場にいた者は皆、いまだかつて味わったことのないほどの大いなる喜びを覚えたのでありました」

お釈迦様の大神力により映し出された瑞相に、その場は歓喜に沸き返りました。ところが、本化菩薩だけはその相の意味を100％理解することができず、やや取り残された形になってしまいました。

そこですかさず声を発したのは天人たちでした。彼らは瑞相により何が示されたのかを本化菩薩に説いて聞かせたのです。

『即時《そくじ》に諸天《しょてん》、虚空《こくう》の中《なか》に於《お》て高聲《こうしょう》に唱《とな》へて言《い》はく、此《こ》の無量無邊百千萬億阿僧祇《むりょうむへんひゃくせんまんおくあそうぎ》の世界《せかい》を過《す》ぎて國《くに》あり娑婆《しゃば》と名《なづ》く。是《こ》の中《なか》に佛《ほとけ》います、釋迦牟尼《しゃかむに》と名《なづ》けたてまつる。今諸《いまもろもろ》の菩薩摩訶薩《ぼさつまかさつ》の爲《ため》に、大乘經《だいじょうきょう》の妙法蓮華《みょうほうれんげ》・教菩薩法《きょうぼさつほう》・佛所護念《ぶっしょごねん》と名《なづ》くるを説《と》きたまふ。汝等《なんだち》當《まさ》に深心《じんしん》に隨喜《ずいき》すべし。亦當《またまさ》に釋迦牟尼佛《しゃかむにぶつ》を禮拜《らいはい》し供養《くよう》すべし。』（500頁）

〔その神力が示されるや否や、諸々の天人たちが虚空から次のように声高に唱えたのでありました。

「これまで全宇宙に存在する数えきれない程多くの世界が仏国土化し、残るはこの娑婆世界のみとなりました。

その未完成な状態の娑婆世界には、一人の仏様が降り立たれます。お名前は釈迦牟尼仏と仰せられます。地上に降り立たれた釈迦牟尼仏は、法華経を軸として法を体系的にお説きくださることで菩薩を成仏へ導き、仏国土化を完了させます。ですから、その救済を受ける運命にあるあなた方本化菩薩は、心の奥深くから感謝申し上げなければなりません。そして、釈迦牟尼仏を礼拝し、ご供養申し上げるのです」」

天人の言葉により、本化菩薩らも、大神力で見せられたのが自分たちが救済される未来世の地上の様子であることをようやく理解します。そして、そのありがたさに心から手を合わせるのでした。

『彼《か》の諸《もろもろ》の衆生《しゅじょう》、虚空《こくう》の中《なか》の聲《こえ》を聞《き》き已《おわ》って合掌《がっしょう》して娑婆世界《しゃばせかい》に向《むか》って、是《かく》の如《ごと》き言《ことば》を作《な》さく、

南無釋迦牟尼佛《なむしゃかむにぶつ》。南無釋迦牟尼佛《なむしゃかむにぶつ》と。』（501頁）

〔本化菩薩は虚空の中から響き渡る天人の声を聞くと、合掌して、娑婆

世界に向かい、「南無釈迦牟尼仏」「南無釈迦牟尼仏」と唱えたのでした」

最終的に、お釈迦様の大神力は次のような未来世を映し出して終わります。

『種々《しゅじゅ》の華《け》・香《こう》・瓔珞《ようらく》・幡蓋《ばんがい》及《およ》び諸《もろもろ》の嚴身《ごんしん》の具《ぐ》・珍寶《ちんぽう》・妙物《みょうもつ》を以《もっ》て、皆共《みなとも》に遙《はる》かに娑婆世界《しゃばせかい》に散《さん》ず。所散《しょさん》の諸物《しょもつ》十方《じっぽう》より來《きた》ること、譬《たと》へば雲《くも》の集《あつま》るが如《ごと》し。變《へん》じて寶帳《ほうちょう》となつて遍《あまね》く此《こ》の間《あいだ》の諸佛《しょぶつ》の上《みうえ》に覆《おお》ふ。時《とき》に十方世界《じっぽうせかい》、通達無礙《つうだつむげ》にして一佛土《いちぶつど》の如《ごと》し。』（501頁）

〈しばらくすると、様々な種類の美しい花々・香・首飾り・幢幡・天蓋、そして色々な装飾品や宝物などが一斉に娑婆世界に舞い降りてきました。それらが十方から集まってくる様は、まるで大空にある雲が集まるようでありました。やがてそれらは一つの美しい帳《とばり》に変わって、娑婆世界の諸仏のみ上を覆いました。その時、全宇宙のありとあらゆる世界は通じ合って一つになりました。娑婆世界も浄化が完了し、全宇宙が一つの仏国土になったのです」

今、順を追って見てきましたように、お釈迦様が大神力により真実として映し出されましたのは、地上が仏国土化されるまでの様子、つまり、人間がどのような手段で救済されるかが予告的に示されたものでありました。別の言い方をすれば、これは序品の瑞相同様、「地上はこのように仏国土化する」というお釈迦様のご意志・ご計画の宣言です。つまり、舌相至梵天の相・謦欬・弾指といった一連の合図は、「全宇宙の中でただ一箇所、未完成のまま取り残された娑婆世界の仏国土化に、今、まさに取りかかる」というお釈迦様の号令だったわけです。だからこそ、携わるすべての諸仏が呼応したのであり、その他の天人も喜びに沸いたのでありました。

そして、その号令に続けてお釈迦様がなされたのが、先に見た四大菩薩へのご指示でありました。つまり、「娑婆世界の仏国土化には神力による救済が必要不可欠であるから神力を地上に導引できるようしかるべき儀式形式を整えよ」とお釈迦様は四大菩薩へ指示をされたのでした。

神力の働きについては経典の記述に基づいて体系的に学んだところでありますが、品を総覧してみますと、その実体は、冒頭でお釈迦様が示現された大神力に集約されていることがわかります。先ほど見ましたように、神力は、一瞬で梵天にまで達する威力を具えたお釈迦様の偉大なお力です。そのお力は、ひとたびお釈迦様の下から放たれれば、勢いよく時空を超えて、風のように娑婆世界に吹き込み、やがてその様相を一変させてしまうほどのものです。神力の風には、不浄な塵・芥を吹き飛ばし、地上を美しくする力があるのです。お釈迦様の「大神力の示現」はもはや「説明」や「理屈」ではなく「現実」であり「真実」そのものです。お釈迦様は神力を示現することで、神力が何であるかをわからせてくださっているのです。つまり、ここで映し出されている現実世界の変化をもたらすものこそが神力なのです。また、このようにもいえるでしょう。この時のお釈迦様の大神力が今もって世の中を、この現実世界を動かしつづけている、と。

信仰の本質は如来の風を感じること

「神力」について、いくつかの側面からアプローチし、総合的に捉えてみますと、神力はまさしく風のような存在といえるかもしれません。

目に見えない風は、それを頬に受けた時、樹々の枝が揺れ動いた時、あるいは風鈴の音が鳴り響いた時にだけその存在を感じます。同じように、形として捉えることのできない神力は、心や能力の向上という功徳が現れた時に初めて、その存在を覚知できるものです。そして、また、神力は空気にも喩えられるかもしれません。肉体が空気なしに生きてゆくことができないように、魂は神力の循環なしに生きつづけることはできません。

信仰の本質は、この神力を受けてお釈迦様とのつながりを感じるところにあります。如来の風に触れ、如来の風を感じ、如来の風を味わうことこそが信仰の醍醐味です。

そして、その究極はといえば、いうまでもなくお釈迦様との神通会話―漏盡通です。「神力」の観点から見れば、漏盡通を得ることは、神力の中継点になることです。すなわち、漏盡通とは、お釈迦様から発信された神力を受信し、それを他に発信してゆく力なのです。つまり、功徳として説かれていたことは、この受信・発信の内容であったともいえるわけです。

お釈迦様が説いてくださった法華のお教えが滅度後に再び華開くか否かは、この漏盡通の復活にかかっています。だからこそお釈迦様は、神力品の結語として次のようなお言葉を残してくださったに違いありません。

『是《こ》の故《ゆえ》に智《ち》あらん者《もの》　此《こ》の功徳《くどく》の利《り》を聞《き》いて　我《わ》が滅度《めつど》の後《のち》に於《おい》て
斯《こ》の經《きょう》を受持《じゅじ》すべし　是《こ》の人佛道《ひとぶつどう》に於《おい》て　決定《けつじょう》して疑《うたがい》あることなけん』（506頁）

〈以上が神力の働きとその導引方法である。智慧ある者は、この神力のもたらす功徳の素晴らしさを深く悟り、私の滅後においても、この法華経に説かれた教えを守り、真剣に行を修めなさい。そうすれば、その者は、仏道において心が定まり、疑惑が生じることは一切なくなり、経にあるとおりの功徳を得ることができるのである」

このお言葉は、本化菩薩に向けられた如来の風、神力そのものでありま す。一体どれほどの本化菩薩がその風を捉え、感じることができるのでしょうか。幸いなる本化菩薩の魂は如来の風を受けて光り輝くことでしょう。そして、仏様と共鳴する美しい音色を奏でながら人生をまっとうすることでありましょう。

第三章

妙法蓮華経嘱累品第二十二の解説

第三章　妙法蓮華経嘱累品第二十二の解説《みょうほうれんげきょうぞくるいほんげせつ》

「嘱累」とは

神力品では、「娑婆世界の仏国土化に今まさに取りかかる」というお釈迦様のご宣言に一同が沸き返りましたが、その直後、皆の興奮が冷めやらぬ中で説かれましたのが、この嘱累品です。

「嘱累」という言葉には、物事を相続させ委ねるという意味があります。

そして、その「嘱累」が品名になっているこの品で説かれていますのは、これから地上に出て修行を積み、仏国土化に直接寄与する宿命にある本化菩薩への「嘱累」の内容です。

本化菩薩はお釈迦様から何を相続し、どのようなことを委ねられているのでしょうか。短い品ではありますが、お言葉の奥に広がる世界に深く分け入り、嘱累されたものを自らの内に感じとってみることに致しましょう。

嘱累されたもの

『爾《そ》の時《とき》に釋迦牟尼佛《しゃかむにぶつ》、法座《ほうざ》より起《た》つて大神力《だいじんりき》を現《げん》じたまふ。右《みぎ》の手《みて》を以《もっ》て、無量《むりょう》の菩薩摩訶薩《ぼさつまかさつ》の頂《いただき》を摩《な》で、是《こ》の言《ことば》を作《な》したまはく、我《われ》無量《むりょう》百千萬億《ひゃくせんまんおく》阿僧祇劫《あそうぎこう》に於《お》いて、是《こ》の得難《えがた》き阿耨多羅三藐三菩提《あのくたらさんみゃくさんぼだい》の法《ほう》を修習《しゅうしゅう》せり。今以《いまもっ》て汝等《なんだち》に付嘱《ふぞく》す。汝等《なんだち》應當《まさ》に一心《いっしん》に此《こ》の法《ほう》を流布《るふ》して、廣《ひろ》く増益《ぞうやく》せしむべし。』（507頁）

〔神力についてのお教えを説かれると、お釈迦様は法座からお立ちになり、大神力を現じられました。右の手で無数の本化菩薩の頭をおなでになり、次のように仰せられたのです。

「私は無量百千万億阿僧祇劫という長い間、法を修め、阿耨多羅三藐三菩提という最高の悟りを得ることができました。それを今、あなた方に

授けますから、どうか一心にこの法を皆に説き広めて、多くの人の幸せを増進させてください」〕

品の冒頭で描かれていますのは、お釈迦様から本化菩薩へ嘱累がなされた時の模様です。

お釈迦様が頭をなでられるのは、その者が「菩薩」として認められたことの証です。つまり、本化菩薩は、神力品までのお教えで、自分たちの宿命と使命を覚悟し、それによりお釈迦様のお褒めにあずかり、正式に「菩薩」の格を有する者として認可されたのです。そして、その儀式に続いては、嘱累の内容が明かされました。すなわち、阿耨多羅三藐三菩提の法が相続され、その法の流布が託されたのです。

阿耨多羅三藐三菩提の法とは

「阿耨多羅三藐三菩提」は、元々サンスクリット語で、富士山のように、高く、裾野が広い、ゆるぎない形を示す言葉でした。経においては、悟りを開かれたお釈迦様の状態を表すために用いられているため、この解説においては「最正覚」という意訳をあてることもありました。

「阿耨多羅三藐三菩提」という言葉が示すところは実に奥深く、なかなか理解も及ばないものですが、嘱累品においてお釈迦様は、この難解な概念を、「仏の智慧」「如来の智慧」「自然の智慧」という三つの智慧に分けることで明快に説いてくださっています。

「仏智」「如来智」「自然智」と略していうこともあるそれら三つの智慧は、まとめて「三智妙法《さんちみょうほう》」といわれています。なにゆえに「妙なる法」というかといえば、それらの智慧が、「正」対「邪」、「善」対「悪」というような相対を超えた絶対の智慧であるからです。三智妙法はそのように対立を超越した仏の智慧を表しているものですから深みがありますし、光のあて方によって、様々な輝きを放ちます。お釈迦様のお教えはすべて、どこを取っても奥が深く、受け取る側の力量によって、深くも浅くもなり、悟るところも多岐に渡りますが、今回、この三智妙法には、二つの側面から光をあて、嘱累の内容に迫ってみることに致します。

（一）法を説く能力としての三智妙法

本化菩薩に託された流法という任務を軸に据えますと、お釈迦様から相続された三つの智慧は「法を説く能力」と言い換えることができます。それは、

仏　智…法理そのものを解説する。

如来智…法を実践して見せる。

自然智…喩え話で法を説く。（自然や自然科学になぞらえた話や、人情の機微に触れる物語など、誰にでもわかる筋の通った形で法を表現する）

という三種の法の説き方ができる能力です。

本化菩薩は、お釈迦様から受け継いだこれらの能力を潜在的に具えてこの世に生を受けてきているものなのです。

（二）人格としての三智妙法

今見た三つの能力を具えた人間像を想像してみますと、完成し、成熟した人間の姿が浮かび上がってまいります。

それは、法理を理解できる知性と冷徹さを具えた人でありましょう（仏智）。また、情緒豊かであたたかさに溢れた人でありましょう（自然智）。そして、仏智と自然智を行いで現せる人、すなわち、法理的に筋の通ったことを、情の通った形で実践できる人でありましょう（如来智）。

お釈迦様がどのような方であるかは、とても言葉で表現し尽くすことはできません。しかし、今見たような三つの智慧を具えられた方、というのも、真実に通ずる一つの捉え方でありましょう。その人格は果てしなく高く、大きく、厳かで美しい、まさに、阿耨多羅三藐三菩提としかいえない素晴らしいものなのです。

奇跡的なのは、本化菩薩もまた、そのようになる種を嘱累されているということです。阿耨多羅三藐三菩提という悟りを開いて、お釈迦様と同じ形での完成が約束されている——それが本化菩薩なのです。

本化菩薩の喜び　―仏道は報恩行―

本化菩薩に蒔かれた三智妙法の種は必ず発芽し、やがて開花と実りの時期を迎えます。地上に降り立った本化菩薩は必ず仏縁に恵まれ、自然に修行に入り、喜んで道を極め、悟りを開いてゆくものなのです。

以前、九識論で心を階層的に理解しましたが、喜びにもその階層に応じた深さの違いがあります。衣食住に満ち足りて心地よく感じるのも喜びの一種でありますし、いわゆる社会的成功もある種の喜びをもたらすものに違いありません。

しかし、本化菩薩の心は、そのような種類の喜びだけで満たされるものではありません。なぜなら、本化菩薩の心の奥底には、潜在的に「お釈迦様から承った任務を果たしたい」という欲求があるからです。本化菩薩は、

『世尊《せそん》の勅《ちょく》の如《ごと》く當《まさ》に具《つぶ》さに奉行《ぶぎょう》すべし。唯然世尊《ゆいねんせそん》、願《ねが》はくは慮有《うらおもいいま》さゞれ。』（509頁）

〔私たちはお釈迦様のお言葉どおり、すべてをしっかり実行し、お釈迦様の修められた阿耨多羅三藐三菩提の法を修め、それを流布致します。お釈迦様、どうぞご心配なさりませんように〕

とお誓いしたことを無意識に覚えているのです。心の奥底に刻まれた、こ

のお釈迦様とのお約束が果たされない限り、本化菩薩は無為に時間を浪費するだけになり、心には大きな穴がぽっかり空いたままになってしまうのです。

本化菩薩が心の奥底から満たされるのは、仏道に入り、嘱累頂いた阿耨多羅三藐三菩提の法、すなわち、三智妙法を修め、それを人に伝えることができた時です。

『汝等《なんだち》若《も》し能《よ》く是《かく》の如《ごと》くせば、則《すなわ》ち爲《こ》れ已《すで》に諸佛《しょぶつ》の恩《おん》を報《ほう》ずるなり。』（509頁）

〔あなた方がそのようにしてよく人に法を伝えることができれば、それこそが諸仏の恩に報いることになるのです」

とありますように、法を伝えることはお釈迦様へのご恩返しであり、それこそが本化菩薩の喜びと幸せの源です。法を説いて頂いたこと、人間としての生を与えて頂いたこと—本化菩薩の心は湧き上がる感謝で満ち、そのご恩返しをしたいという気持ちが生きる原動力となるものなのです。

この意味で、仏道は「報恩行」ということができます。「仏様へご恩返しをさせて頂きたい」という思いがあればこそ、我欲を離れ、感謝をもって謙虚に努力を続けられるというものですし、その積み重ねで心は練り上げられてゆくものなのです。

この報恩行をもって、阿耨多羅三藐三菩提としか表せない霊格と人格を完成させるのが、本化菩薩の宿命です。本化菩薩は、その種をお釈迦様から嘱累頂き、自らもお釈迦様にお誓いし、意気込んで生まれてきているることをゆめゆめ忘れてはなりません。

・本化菩薩の正しい生き方とは？
・本化菩薩の幸せとは？

その答えがはっきりと示されているのが嘱累品なのです。

第四章

妙法蓮華経薬王菩薩本事品第二十三の解説

第四章　妙法蓮華《みょうほうれんげ》経《きょう》薬王《やくおう》菩薩《ぼさつ》本事《ほんじ》品《ほん》第二十三の解説《げせつ》

薬王菩薩は本化菩薩の修行モデル

品名にある「本事」という言葉には、「もとになる大事な出来事・事跡」というような意味がありますので「薬王菩薩本事品」は、薬王菩薩が大菩薩となった由縁、すなわち、過去世に行った修行内容が説かれている品ということになります。聞き手は宿王華《しゅくおうけ》菩薩《ぼさつ》、仏の華を開花させる宿命にある本化菩薩です。

勧持品第十三の解説で少し触れましたように、薬王菩薩は本化菩薩の見本となる菩薩で、本化菩薩にとっては憧れの存在です。薬王菩薩本事品は、本化菩薩が、お釈迦様にその憧れの菩薩についてお教え頂けるよう、次のようにお願いするところから始まります。

『爾《そ》の時《とき》に宿王華菩薩《しゅくおうけぼさつ》、佛《ほとけ》に白《もう》して言《もう》さく、世尊《せそん》、薬王菩薩《やくおうぼさつ》は云何《いかん》してか娑婆世界《しゃばせかい》に遊《あそ》ぶ。世尊《せそん》、是《こ》の薬王菩薩《やくおうぼさつ》は若干百千萬億那由佗《そこばくひゃくせんまんおくなゆた》の難行苦行《なんぎょうくぎょう》あらん。善哉世尊《ぜんざいせそん》、願《ねが》はくは少《すこ》し解説《げせつ》したまへ。』（511頁）

〔その時、宿王華菩薩はお釈迦様におたずね申し上げました。

「お釈迦様、薬王菩薩はいかにしてこの娑婆世界で自由自在に衆生を救えるようになったのでしょうか。お釈迦様、この薬王菩薩は、数えきれないほど多くの難行苦行を積んでこられたことと存じます。お釈迦様、薬王菩薩がなされた修行について、少しご解説をお願いできないでしょうか」

この本化菩薩の言葉によりますと、薬王菩薩は、娑婆世界で自在に法を説いて衆生を救済するという優れた能力を具えた菩薩であり、その能力は、地上での難行苦行の結果身についたもののようです。薬王菩薩はいかなる難行苦行を経て、そのように立派な菩薩となったのでしょうか。お釈迦様のご説法から思索を深めてまいりましょう。

薬王菩薩が修めた行の特徴

宿王華菩薩の願いを聞き入れられたお釈迦様がお説きくださりましたのは、過去世に、日月浄明徳仏《にちがつじょうみょうとくぶつ》という仏様の御下で法を学んだ一切衆生《いっさいしゅじょう》憙見菩薩《きけんぼさつ》の修行の軌跡でありました。お話の最後で、

『一切衆生憙見菩薩《いっさいしゅじょうきけんぼさつ》豈《あ》に異人《ことひと》ならん乎《や》、今《いま》の藥王菩薩《やくおうぼさつ》是《こ》れ也《なり》。』（521頁）

〔一切衆生憙見菩薩とは、他でもない、今の薬王菩薩の前身です〕

とはっきり明かされていますように、一切衆生憙見菩薩は薬王菩薩の前身です。そして、当然のことながら、日月浄明徳仏はお釈迦様のことです。すなわち、お釈迦様は、薬王菩薩が前世、お釈迦様の御下で修めた行（薬王行）を、一切衆生憙見菩薩がなした行としてお説きくださっているというわけです。

本文では、一切衆生憙見菩薩の修行内容が物語的に説かれており、これまでとは趣の異なる表現も見られますが、そのベースにあるのは、「救済の主であられる本仏に帰依する」という基本法理です。つまり、ご在世中はもちろんのこと、滅度された後は、塔本尊という儀式によりお釈迦様と直接の信仰関係を結び、お釈迦様の御下で法華経を修めて、仏様の神力により功徳を頂戴するという法理が修行の根幹に流れているのです。

ただし、具体的な修行法においては一切衆生憙見菩薩ならではの特徴もあり、それは次のような形で表されています。

『是《こ》の一切衆生憙見菩薩《いっさいしゅじょうきけんぼさつ》樂《ねが》つて苦行《くぎょう》を習《なら》ひ、日月淨明徳佛《にちがつじょうみょうとくぶつ》の法《ほう》の中《なか》に於《おい》て、精進經行《しょうじんきょうぎょう》して一心《いっしん》に佛《ほとけ》を求《もと》むること、萬二千歳《まんにせんざい》を滿《まん》じ已《おわ》つて、現一切色身三昧《げんいっさいしきしんさんまい》を得《う》。此《こ》の三昧《さんまい》を得已《えおわ》つて、心大《こころおおい》に歡喜《かんき》して即《すなわ》ち念言《ねんごん》を

作《な》さく、

我現一切色身三昧《われげんいっさいしきしんさんまい》を得《え》たる、皆是《みなこ》れ法華經《ほけきょう》を聞《き》くことを得《う》る力《ちから》なり。我《われ》今當《いままさ》に日月淨明德佛《にちがつじょうみょうとくぶつ》及《およ》び法華經《ほけきょう》を供養《くよう》すべし。

即時《そくじ》に是《こ》の三昧《さんまい》に入《い》って、虚空《こくう》の中《なか》に於《お》いて曼陀羅華《まんだらけ》・摩訶曼陀羅華《まかまんだらけ》・細抹堅黑《さいまつけんこく》の栴檀《せんだん》を雨《ふ》らし、虚空《こくう》の中《なか》に滿《み》て、雲《くも》の如《ごと》くにして下《くだ》し、又海《またかい》此岸《しがん》の栴檀《せんだん》の香《こう》を雨《ふ》らす。此《こ》の香《こう》の六銖《ろくしゅ》は價直娑婆世界《けじきしゃばせかい》なり、以《もっ》て佛《ほとけ》に供養《くよう》す。是《こ》の供養《くよう》を作《な》し已《おわ》って、三昧《さんまい》より起《た》って、自《みずか》ら念言《ねんごん》すらく、

我神力《われじんりき》を以《もっ》て佛《ほとけ》を供養《くよう》すと雖《いえど》も身《み》を以《もっ》て供養《くよう》せんには如《し》かじ。

即《すなわ》ち諸《もろもろ》の香《こう》・栴檀《せんだん》・薫陸《くんろく》・兜樓婆《とるば》・畢力迦《ひつりきか》・沈水《じんずい》・膠香《きょうこう》を服《ふく》し、又瞻《またせん》

蔔《ぼく》・諸《もろもろ》の華香油《けこうゆ》を飲《の》むこと千二百歳《せんにひゃくさい》を満《まん》じ已《おわ》つて、香油《こうゆ》を身《み》に塗《ぬ》り、日《にち》月浄明徳佛《がつじょうみょうとくぶつ》の前《みまえ》に於《おい》て、天《てん》の寶衣《ほうえ》を以《もっ》て自《みずか》ら身《み》に纏《まと》ひ已《おわ》つて、諸《もろもろ》の香油《こうゆ》を灑《そそ》ぎ、神通力《じんつうりき》の願《がん》を以《もっ》て自《みずか》ら身《み》を燃《とも》して、光明遍《こうみょうあまね》く八十億恒河沙《はちじゅうおくごうがしゃ》の世界《せかい》を照《てら》す。其《そ》の中《なか》の諸佛《しょぶつ》、同時《どうじ》に讃《ほ》めて言《のたま》はく、

善哉善哉《ぜんざいぜんざい》、善男子《ぜんなんし》、是《こ》れ眞《しん》の精進《しょうじん》なり、是《こ》れを眞《しん》の法《ほう》をもつて如來《にょらい》を供養《くよう》すと名《なづ》く。（中略）善男子《ぜんなんし》、是《こ》れを第一《だいいち》の施《せ》と名《なづ》く。諸《もろもろ》の施《せ》の中《なか》に於《おい》て最尊最上《さいそんさいじょう》なり、法《ほう》を以《もっ》て諸《もろもろ》の如來《にょらい》を供養《くよう》するが故《ゆえ》にと。』（513頁）

〔この一切衆生憙見菩薩は、自ら進んで苦行を習い、日月浄明徳仏の御下で法を学び、精進して思索を深め、成仏を目指して一万二千年の間、一

心に修行を積んだ結果、現一切色身三昧という境界に達することができました。そして、その三昧を得た一切衆生憙見菩薩は大いに歓喜し、「私は現一切色身三昧を得ることができた。この三昧は、正しく法を聞く力、すなわち、仏様から発信された神力を捉えることのできる神通力である。私はこれからこの神通力をもって、日月浄明徳仏と法をご供養させて頂こう。」と心に誓ったのでした。

そのように決意した一切衆生憙見菩薩が即座にその三昧に入りますと、曼陀羅華・摩訶曼陀羅華などの花々や、栴檀香の微粉末が舞い降りてきて、まるで雲のように空間いっぱいに広がりました。また、海此岸栴檀という香も降ってきて、辺り一帯が高貴な香で満たされました。一切衆生憙見菩薩は、その美しい境界をもって仏様をご供養申し上げたのでした。

しかし、一切衆生憙見菩薩は、この三昧によるご供養が終わると、再び考え直したのでありました。「今のように三昧から発現する神通力でご供養するだけではまだまだ不十分で、さらに自分の身をもってご供養するべきではないだろうか。身をもってのご供養の方がより大切で価値高いに違いない。」と。

そのように考えた一切衆生憙見菩薩は、もろもろの香、すなわち、栴《せん》檀《だん》・薫陸《くんろく》・兜楼婆《とるば》・畢力迦《ひつりきか》・沈水《じんずい》・膠香《きょうこう》などを服し、また、瞻蔔《せんぼく》・その他の香油も飲んで、千二百年もの時を過ごしました。そしてその後、香油を身に塗ると、日月浄明徳仏の御前にて天の宝衣を身に纏い、もろもろの香油を注ぎ、神通力による祈願によって自分の身に火を灯しました。すると、その光は、八十億恒河沙の広い世界を明るく照らし出したのでありました。

この様子をご覧になった諸仏は、揃って一切衆生憙見菩薩の行いを次のようにお讃めになりました。

「善き哉、善き哉、これこそが真《まこと》の精進である。この行いこそが、真の法による如来の供養法である。（中略）善男子よ、これこそがまさに第一の布施である。もろもろの布施の中で最も尊い最上の布施である。なぜなら、その布施は、法の功徳を世界にもたらして仏を供養する法施だからである。」と」

少々長い引用になりましたが、ここで示されていますのは、一切衆生憙見菩薩がなした行の特徴です。すなわち、一切衆生憙見菩薩の修行の主軸は施波羅密であり、そのポイントは「三昧による供養」と「身をもっての供養」の二つであることが説かれているわけです。

一般的に「供養」という言葉は、「仏前に有形・無形の物を供え捧げる」

という意味で用いられますが、それを踏まえて、本化菩薩にとっての「供養」を定義すれば、それは、お釈迦様のご本願のために役立つ有形・無形のものを供え捧げる行為ということになるでしょう。より具体的にいえば、「荘厳仏国土成満のために役立つもの・事柄・行為を仏様に捧げる」ということです。そして、荘厳仏国土のために役立つこととは、自分自身の心の浄化を進めること、および、社会の浄化に貢献すること以外にありません。

一切衆生憙見菩薩が行ったのは、まさにこれら二つの供養でありました。すなわち、一切衆生憙見菩薩は、現一切色身三昧を得られるくらいに自らの心の浄化度を高め、それにより具わった神通力を使って人々に法を伝えることで身をもって世の中の浄化に貢献したのです。

一切衆生憙見菩薩の修行については他の部分でも詳しく丁寧に明かされておりますが、ポイントは今見た引用部に集約されているといえます。つまり、薬王菩薩が立派な菩薩になるために過去世に行った修行の鍵は施波羅密であり、その施波羅密は、「三昧による供養」と「身をもっての供養」による法施であるということが引用部に示されている要点なのです。

薬王菩薩と憍曇彌《きょうどんみ》のつながり

薬王行についてさらに踏み込んだ理解をする上での重要な手がかりは、薬王菩薩の前世の名です。実は、「一切衆生憙見菩薩」というお名前は、勧持品において「一切衆生憙見如来」という成仏名で授記を受けた憍曇彌とのつながりを示すものとなっております。つまり、薬王菩薩の前身は憍曇彌であり、薬王菩薩が過去世に行った修行（薬王行）とは、お釈迦様の時代に憍曇彌として生きた人物が、その後の生まれ変わりの人生に渡って積み重ねた修行のことなのです。したがって、薬王行の実際は、憍曇彌の人生をたどることで見えてくると考えられるわけです。

思い返しますと、憍曇彌の受記作仏は条件つきでありましたから、憍曇彌は、その後の何回かの人生に渡って、課せられた条件を徐々に満たして、ついに薬王菩薩という他の見本となる程優秀な菩薩にまで成長したということになります。また、この憍曇彌と薬王菩薩の関連は、勧持品の聞き手として薬王菩薩が登場していたことに必然性があったことを気づかせるものでもあります。

では、憍曇彌は具体的にどのような体験を経て立派な薬王菩薩になったのでしょうか。憍曇彌の人生を振り返ってみることに致しましょう。

憍曇彌の修行の軌跡

憍曇彌については様々なことが伝え残されておりますが、法華経には、煩悩深い女性の代表という位置づけで登場してきております。憍曇彌の煩悩がどのようなものであったかについては勧持品で一通り触れたところですが、その煩悩の克服こそが、憍曇彌の受記の第一条件であり、薬王行の理解に大いに関わる部分でもありますので、ここでもう一段掘り下げて考えてみることに致します。

憍曇彌は龍女に喩えられるほど人一倍嫉妬心が強く、瞋・貪・痴・慢・疑（総じて悪見）という五障のかたまりのような女性でありました。勧持品で取り上げましたように、憍曇彌の煩悩は極めて自己中心的で、お釈迦様のご修行を執拗に邪魔するほど強いものでしたが、それは憍曇彌に固有のものというよりは、憍曇彌の女性性に起因するものでありました。

人間は、霊魂と肉体が結びついた特殊で複雑な存在でありますから、理性的な部分と共に、動物的・本能的習性で動く側面も持ち合わせています。他の生き物と同じように、本能の中核は生存・生殖本能でありますが、女性に特徴的なのは、その生存・生殖本能から派生した習性、すなわち、子孫繁栄のためにことさら家や家族を守ろうとして、それに固執する習性を具えているということです。群れで生きる動物の特徴とも重なるこの習性は、ある意味、必要なものともいえますが、度を超すと、自分と自分の家族を守ること以外眼中になくなり、利己的・排他的に他者を攻撃するようになる危険性をはらんでいます。

憍曇彌のケースは、この本能の危険な面が如実に表れた実例でありました。

憍曇彌が五障を爆発させてお釈迦様のご修行の妨害をしたのは、憍曇彌にとってお釈迦様のご出家が、自分と血族の安定した生活を台なしにする本能的に許せない出来事だったからに他なりません。憍曇彌は、これまで守りつづけてきた血族の結束と調和を保ちたいという本能的欲求から、お釈迦様にお戻り頂きたいと強く願ったのです。

この憍曇彌の例で象徴されていますように、五障といわれる煩悩は、本能を根源とする根深く厄介な女性的習性です。動物の例をあげるまでもなく、生まれながらに具わっている基本的な習性が変わることは普通あり得ませんから、この女性の五障が変わることも常識的にはあり得ません。だからこそ、かつては経においても、『女身《にょしん》は垢穢《くえ》にして是《こ》れ法器《ほうき》に非《あら》ず』『女人《にょにん》の身《み》には猶《な》ほ五障《ごしょう》あり』（354頁）という言い方をされていたわけです。

ところが、薬王菩薩本事品で説かれている事例は、その常識を覆《くつがえ》す内容となっております。すなわち、生物に遺伝的にプログラムされている部分から生じる習性的な悪癖も、お釈迦様の説かれた法によれば一掃できることが、薬王菩薩という存在で証明されているのです。

もちろん、そのような奇跡的結果を得るための修行となれば、「難行苦行」であったに違いありません。しかし、憍曇彌は長い期間をかけて法を学び、正しい見識を具えた上で根気よく行じることで、根深い煩悩をコントロールして、心を浄化することに成功したのでした。

この憍曇彌のような形での心の浄化行が薬王行の「三昧による供養」につながってくる部分です。つまり、五障という女性特有の弱点に悩まされつづけた憍曇彌が、決して諦めることなく、難行苦行の末に薬王菩薩になったという事例により、「三昧による供養」という薬王行の特徴の一つが具体的に示されているのです。

さて、今見ましたように、憍曇彌は女性であるが故に、煩悩の克服にたいへんな苦労をしましたが、その一方で、非常に恵まれている面もありました。それは、憍曇彌の姉でお釈迦様の生みの母である摩耶《まや》夫人亡き後、お釈迦様の育ての母となったこと、そして、憍曇彌が、姉の子をも我が子同様に心から愛せる愛情深さを具えていたということです。憍曇彌は女性的な慈悲深さ、いわゆる母性に溢れる人物であったのです。

憍曇彌は、お釈迦様のためには命も惜しくないという程の愛情をもって、母としての細やかな気遣いを見せました。いわば、本化菩薩に不可欠とされる心性、つまり、『世尊《せそん》は安樂《あんらく》にして　少病《しょうびょう》少惱《しょうのう》にいますや　衆生《しゅじょう》を教化《きょうげ》したまふに　疲倦《ひけん》無《な》きことを得《え》たまへりや』（397頁）と従地涌出品で表されているようなお釈迦様を気遣う心が、母ごころとしてもともと具わっていたのです。加えて、母たるもの、子の願いは何としてでも叶えたいと願うものですから、

『我本誓願《われもとせいがん》を立《た》て、　一切《いっさい》の衆《しゅう》をして　我《わ》が如《ごと》く等《ひと》しくして異《こと》なることな

からしめんと欲《ほっ》しき』（110頁）というお釈迦様の本誓願を知れば、無条件に体が動いたことでしょう。

憍曇彌が自ら成仏を目指すと共に伝法に尽力したのは、自然な母ごころによるところが大きいといえます。憍曇彌は、誰かに強要されたのでもなく、義務感からでもなく、お釈迦様にお喜び頂きたいという純粋な思いから、望んでそうしたのです。

先に、「本化菩薩にとっての供養とは、荘厳仏国土成満のために役立つもの・事柄・行為を仏様に捧げること」と定義しましたが、憍曇彌の生き様は、その供養というものが純粋な真心からの行為であることを表しています。すなわち、供養とは、仏様にお喜び頂きたいという誠意から自然に生まれる心づくしの献身なのです。

経中、

『八萬四千《はちまんしせん》の塔《とう》の前《まえ》に於《おい》て、百福荘嚴《ひゃくふくしょうごん》の臂《ひじ》を燃《とも》すこと七萬二千歳《しちまんにせんざい》にして以《もっ》て供養《くよう》す。無《む》數《しゅ》の聲聞《しょうもん》を求《もと》むる衆《しゅう》・無量阿僧祇《むりょうあそうぎ》の人《ひと》をして、阿耨多羅三藐三菩提《あのくたらさんみゃくさんぼだい》の心《こころ》を發《おこ》さしめ、皆現一切色身三昧《みなげんいっさいしきしんさんまい》に住《じゅう》することを得《え》せしむ。』（520頁）

〔（一切衆生憙見菩薩は）八万四千の塔の御前で、大いなる福徳を具えた自分の美しい両腕に火をつけ、七万二千年もの長きに渡って灯しつづけることで仏様を供養したのでした。すなわち、聲聞の悟りだけを求めていた大勢の人々を成仏求道信仰へと導き、最終的には、現一切色身三昧を得させたのです」

『其《そ》の身《み》を捨《す》て、布施《ふせ》する所《ところ》、是《かく》の如《ごと》く無量《むりょう》百《ひゃく》千《せん》萬《まん》億《おく》那由佗《なゆた》數《しゅ》なり。』（522頁）

「（薬王菩薩はかつて）そのように自分の身を捧げて、無量の布施を行ったのです」

と説かれている一切衆生憙見菩薩の行いは、「焼身供養」として知られておりますが、この焼身供養は憍曇彌の生き様そのものを表したものともいえます。憍曇彌は、難行苦行を重ねて煩悩の克服に努め、自己犠牲もいとわず法を伝え広めようと粉骨砕身しました。すなわち、お釈迦様のために存分に命を燃やし、世の中に光をもたらしたのです。神力品からの流れで明らかなように、伝法とは、本仏から発信される神力の中継地点となって、法の功徳を人々にもたらすことです。そして、その法の功徳こそが世の中を明るく照らす光です。つまり、憍曇彌は、その功徳の光をもたらすことに人生を捧げ、自らも光り輝き、仏様をご供養したのです。

この「神力の中継地点になって功徳をもたらす」ことが薬王行では「法施」と説かれているわけですが、憍曇彌の例で示されていますように、正真正銘の「法施」は生半可な覚悟で成し得るものではありません。なぜなら、法施のポイントである「三昧による供養（浄化）」は、本能を起源とする習性をコントロールする難行苦行でありますし、「身をもっての供養（伝法）」には種々の困難が伴い、自己犠牲をいとわぬ「献身」が求められるからです。

しかし、この「法施」が成仏するためには必ず取り組まなければならない課題であるからこそ、ここで明示されていることを、特に女性は心得なければなりません。

薬王菩薩の能力

薬王菩薩が過去世に行った修行内容について見たところで、今度は、その修行の結果、薬王菩薩の身に具わった能力がいかなるものであるのか、具体的に見てみることに致しましょう。

先に見たとおり、薬王菩薩は、神力の中継地点になって人々に法の功徳をもたらす能力を具えているが故に、優れた菩薩として尊敬されているわけですが、薬王菩薩本事品では、次のように法の功徳を称えることで、間接的に薬王菩薩の示現できる力が表されています。

『宿王華《しゅくおうけ》、此《こ》の經《きょう》は能《よ》く一切衆生《いっさいしゅじょう》を救《すく》ひたまふ者《もの》なり。此《こ》の經《きょう》は能《よ》く一切衆生《いっさいしゅじょう》をして諸《もろもろ》の苦惱《くのう》を離《はな》れしめたまふ。此《こ》の經《きょう》は能《よ》く大《おおい》に一切衆生《いっさいしゅじょう》を饒益《にょうやく》して、其《そ》の願《がん》を充滿《じゅうまん》せしめたまふ。清涼《しょうりょう》の池《いけ》の能《よ》く一切《いっさい》の諸《もろもろ》の渇乏《かつぼう》の者《もの》に滿《み》つるが如《ごと》く、寒《さむ》き者《もの》の火《ひ》を得《え》たるが如《ごと》く、裸《はだか》なる者《もの》の衣《ころも》を得《え》たるが如《ごと》く、商人《しょうにん》の主《しゅ》を得《え》たるが如《ごと》く、子《こ》の母《はは》を得《え》たるが如《ごと》く、渡《わたり》に船《ふね》を得《え》たるが如《ごと》く、病《やまい》に醫《くすし》を得《え》たるが如《ごと》く、暗《やみ》に燈《ともしび》を得《え》たるが如《ごと》く、貧《まず》しきに寶《たから》を得《え》たるが如《ごと》く、民《たみ》の王《おう》を得《え》たるが如《ごと》く、賈客《こかく》の海《うみ》を得《え》たるが如《ごと》く、炬《ともしび》の暗《やみ》を除《のぞ》くが如《ごと》く、此《こ》の法華經《ほけきょう》も亦復《またまた》是《かく》の如《ごと》し。能《よ》く衆生《しゅじょう》をして一切《いっさい》の苦《く》・一切《いっさい》の病痛《びょうつう》を離《はな》れ、能《よ》く一切《いっさい》の生死《しょうじ》の縛《ばく》を解《と》かしめたまふ。』

（525頁）

〔宿王華よ、この法は、よく一切衆生を救うものであります。すなわち、この法は、一切衆生を諸々の煩悩苦から離れさせるものです。また、この法は、一切衆生に大いなる利益を与え、成仏という本願を叶えさせるものであります。

法は喩えていうならば、のどの渇きに苦しむ人にとっての清らかな水をたたえた池であり、寒さに凍える人にとっての火であり、裸の人にとっての衣服であり、他国へ旅する商人たちにとっての案内人であり、子にとっての母であり、渡り場での船であり、病人にとっての医師であり、暗闇の中での灯火であり、貧しい人にとっての宝であり、民にとってのよき王であり、貿易を行う人にとっての海路であり、暗闇を除くかがり火であります。

法華経もこれらのもののように、困った人を救済する力を持つものです。すなわち、衆生の一切の苦・一切の病痛を除き、欲界の中で生まれては死ぬことを繰り返す輪廻の束縛から人間を解き放つものなのです」

『此《こ》の經《きょう》は則《すなわ》ち爲《こ》れ閻浮提《えんぶだい》の人《ひと》の病《やまい》の良藥《りょうやく》なり。若《も》し人病《ひとやまい》あらんに是《こ》の經《きょう》を聞《き》くことを得《え》ば、病《やまい》即《すなわ》ち消滅《しょうめつ》して不老不死《ふろうふし》ならん。』（529頁）

〔この法は人間の病の良薬です。もし、煩悩の病に冒された人がこの法を聞くことができれば、病はたちまちに消滅して、不老不死となるでしょう〕

この部分の描写で間接的に映し出されていますのは、煩悩にまつわる様々な苦に喘ぐ人々に法の功徳をもたらして救済を行う薬王菩薩の姿です。

現一切色身三昧といわれる境界に入りますと、一切のものの波動を正確にキャッチして、実相をあるがままに捉えられるようになると共に、相手に応じた姿形・方法で、相手にふさわしい教えを与えて、人々を導くことができるようになります。薬王菩薩が秀でていますのは、この現一切色身三昧に入って、様々な境遇にある人々の、それぞれの悩み・苦しみを、親身になって慈悲深く理解し、未熟な人々のためには代わりに祈祷するなどして、法の功徳による救済を行うところです。その献身的な行いは、かつての憍曇彌の愛情深さを彷彿とさせるものともいえます。

仏教の起こりは、お釈迦様の苦に対する疑問と憂いにありますが、その法の最大のテーマであり目的でもある「苦の消滅」という結果を、薬王菩薩は自らが神力の中継地点となることで地上の人々にもたらすことができるのです。その救済法は、あたかも医者が病と患者に応じた薬を的確に処方することで病人を救うようでありますし、その救済力は、あらゆる四苦八苦を治することができるほど絶大です。薬王菩薩は、そのような救済能力の偉大さから「薬王」と称される菩薩になったわけですが、視点を変えれば、薬王菩薩の存在は、未来世の医学の発展を予告しているものとも捉えられます。将来的に、人類は医学の進歩により、四苦八苦の一つに数えられる病の苦しみから解放され、安楽に寿命を全うできるようになるに違いありません。

安立行時代の女性

憍曇彌が女性の弱点である五障を克服した上で、女性的特長である母性・愛情深さを生かして優秀な薬王菩薩になったという一連のいきさつが説かれている薬王菩薩本事品は、どちらかというと、女性のための品と位置づけられます。実際、本文でも、次のような形で、修行中の女性に希望を与えるような未来世の予告が説かれています。

『宿王華《しゅくおうけ》、若《も》し人《ひと》あって是《こ》の藥王菩薩本事品《やくおうぼさつほんじほん》を聞《き》かん者《もの》は、亦無量無《またむりょうむ》邊《へん》の功徳《くどく》を得《え》ん。若《も》し女人《にょにん》あって、是《こ》の藥王菩薩本事品《やくおうぼさつほんじほん》を聞《き》いて能《よ》く受《じゅ》持《じ》せん者《もの》は、是《こ》の女身《にょしん》を盡《つ》くして後《のち》に復受《またう》けじ。若《も》し如來《にょらい》の滅後後《めつごのち》の五百歳《ごひゃくさい》の中《なか》に、若《も》し女人《にょにん》あって是《こ》の經典《きょうでん》を聞《き》いて説《せつ》の如《ごと》く修行《しゅぎょう》せば、此《ここ》に於《おい》て命終《みょうじゅう》して、即《すなわ》ち安樂世界《あんらくせかい》の阿彌陀佛《あみだぶつ》の大菩薩衆《だいぼさつしゅう》の圍繞《いにょう》せる住處《じゅうしょ》に往《ゆ》いて、蓮華《れんげ》の中《なか》の寶座《ほうざ》の上《うえ》に生《しょう》ぜん。復貪欲《またどんよく》に惱《なやま》されじ。亦復《またまた》瞋恚《しんに》・愚癡《ぐち》に惱《なやま》されじ。亦復憍慢《またまたきょうまん》・嫉妬《しっと》・諸垢《しょく》に惱《なやま》されじ。菩薩《ぼさつ》の神《じん》通《つう》・無生法忍《むしょうほうにん》を得《え》ん。』（526頁）

〔宿王華よ、この薬王菩薩本事品を聞いた人は、量り知れないほどの大功徳を得ることができます。もし、女性がこの薬王菩薩本事品を聞いて、そのお教えをしっかり心にたもって修行を続ければ、女性がとらわれやすい煩悩を滅することができ、再びそれに悩まされることはなくなります。もし、仏滅度後、二千五百年以降、女性がこの経を学び、経に説かれているとおりに修行をすれば、その一生を終えた後は、阿弥陀仏を内蔵する安立行大菩薩が時代を牽引する安立行時代という完成期に、菩薩として生まれ出ることができます。その時にはもはや、女性であっても貪欲に悩まされることはありません。また、怒りや愚痴に悩まされることもありませんし、驕り高ぶる心や嫉妬などの諸々の煩悩に悩まされることも決してありません。そして、菩薩の神通力を得、無生法忍という悟りを得ることができます。すなわち、この世のものはすべて、因縁により様相が変わるだけで、本来は不生不滅であるという真理を悟り、現象の変化に動揺することのない境地に入ることができるのです」

引用部で描かれていますのは、憍曇彌と同じ修行に挑む女性修行者の行く末です。いわば、憍曇彌に倣って続々と薬王行に励む後世の一切衆生憙見菩薩らの未来世が、ここで明示されているということです。

「一切衆生憙見菩薩」は「一切衆生に見んと憙《ねが》わるる菩薩」であること

が表されたお名前ですが、薬王行に励む女性修行者は、まさにそのような菩薩になるのでありましょう。なぜなら、彼女らは、五障を滅し、神通力を得、法による人々の救済に励む菩薩であるからです。愛情をもって人々に接し、親身になって人の悩み・苦しみを理解し、細やかに気を配りながら、献身的に救済を行うからこそ、人々に慕われ、「お会いしたい」と望まれるのです。

憍曇彌の例で見ましたように、この相手をあたたかく思いやって心から尽くすという救済行（施波羅密）は、女性の母性を生かせる、女性に向いた修行法です。ですから、女性であることは、五障が深いという点では不利ですが、恵まれているともいえるのです。

浄行時代においては、まだまだ五障で苦労している女性も多いかもしれません。しかし、薬王菩薩本事品を戴いた時、明るい未来への扉は開かれます。なぜなら、薬王菩薩本事品は、理論ではなく実践、力そのものであるからです。正しく悟れば悟りに応じた力が得られる、それが法というものです。そこで最後に、お釈迦様の次のお言葉を一つひとつ丁寧に頂戴することで、品の悟り、すなわち薬王菩薩本事品に内蔵された神力を戴きたく存じます。

『若《も》し人《ひと》あつて是《こ》の藥王菩薩本事品《やくおうぼさつほんじほん》を聞《き》いて、能《よ》く隨喜《ずいき》して善《よ》しと讃《さん》ぜば、是《こ》の人現世《ひとげんせ》に口《くち》の中《うち》より常《つね》に青蓮華《しょうれんげ》の香《か》を出《いだ》し、身《み》の毛孔《もうく》の中《なか》より常《つね》に牛頭栴檀《ごずせんだん》の香《か》を出《いだ》さん。所得《しょとく》の功徳上《くどくかみ》に説《と》く所《ところ》の如《ごと》し。是《こ》の故《ゆえ》に宿《しゅく》王華《おうけ》、此《こ》の藥王菩薩本事品《やくおうぼさつほんじほん》を以《もっ》て汝《なんじ》に囑累《ぞくるい》す。我《わ》が滅度《めつど》の後後《のちのち》の五百歳《ごひゃくさい》の中《なか》、閻浮提《えんぶだい》に廣宣流布《こうせんるふ》して、斷絶《だんぜつ》して惡魔《あくま》・魔民《まみん》・諸天《しょてん》・龍《りゅう》・夜叉《やしゃ》・鳩槃荼《くはんだ》等《とう》に其《そ》の便《たより》を得《え》せしむることなかれ。宿王華《しゅくおうけ》、汝當《なんじまさ》に神通《じんつう》の力《ちから》を以《もっ》て是《こ》の經《きょう》を守護《しゅご》すべし。所以《ゆえ》は何《いか》ん、此《こ》の經《きょう》は則《すなわ》ち爲《こ》れ閻浮提《えんぶだい》の人《ひと》の病《やまい》の良藥《りょうやく》なり。若《も》し人病《ひとやまい》あらんに是《こ》の經《きょう》を聞《き》くことを得《え》ば、病即《やまいすなわ》ち消滅《しょうめつ》して不老不死《ふろうふし》ならん。』（529頁）

〔もし、この薬王菩薩本事品を聞いて、随喜して、心から讃える人があれば、その人の口からは、常に青蓮華の香が漂い、身体からは、牛頭栴檀の高貴な香が放たれます。また、その人の得る功徳は、先に説いたとおり偉大なものです。

それゆえに、宿王華よ、この薬王菩薩本事品をあなた方に嘱累するのです。どうか、私の滅度後、二千五百年が経とうとも、この法を地上に遍く説き広めつづけてください。悪魔や魔民・鬼神を断絶して、つけ入らせることのないようにしてほしいのです。宿王華よ、あなた方は神通力でこの経を守護しなければなりません。なぜなら、この経は、この世の人々のあらゆる病の良薬であるからです。もし、病の人がこの経を聞くことができれば、その功徳により病はたちまちに消滅して、煩悩にまつわる一切の苦から完全に解脱できるのです」

第五章

妙法蓮華経妙音菩薩品第二十四の解説

第五章　妙法蓮華経《みょうほうれんげきょう》妙音菩薩品《みょうおんぼさつほん》第二十四の解説《げせつ》

妙音行と観音行は薬王行の補足

薬王菩薩本事品に続く妙音菩薩品と観世音菩薩普門品の二品は、薬王菩薩本事品を補足する内容となっております。先に見たとおり、薬王行として説かれた施波羅密は「三昧による供養（浄化）」と「身をもっての供養（伝法）」による法施でありましたが、この内「三昧による供養」が妙音行として、「身をもっての供養」が観音行として各品で詳しく説かれているのです。浄化行は心という内面で行われるものであり、伝法行は他者という外に向かっての働きかけであるという観点で捉えれば、妙音行・観音行は薬王行が内外に分けて説かれたものともいえます。

妙音菩薩品はこれら三品の関係を押さえることが理解の前提になりますので、まずは、妙音行の位置づけをしっかり意識し、説かれている修行内容の理解を深めてゆくことに致しましょう。

妙音菩薩は三昧の達人

妙音菩薩品は、浄光荘厳国の妙音菩薩が娑婆世界に往来するストーリーを通して三昧行を説き明かしている品です。これまでの流れから明らかなように、浄光荘厳国は安立行時代の荘厳仏国土であり、妙音菩薩が訪れたのは浄行時代の娑婆世界です。

この大筋で表されていますのは、妙音菩薩の修行モデルとしての位置づけです。薬王菩薩が本化菩薩の修行モデルである以上、その内面を表す妙音菩薩も必然的に修行モデルということになりますが、その位置づけが「完成した時代から来た菩薩」ということで改めて示されているわけです。

では、本化菩薩の修行見本である妙音菩薩とはいかなる菩薩なのでしようか。今回は品の中で紹介されている妙音菩薩の特徴を抜粋して見てゆくことで、行のポイントに迫ってゆくことに致します。

妙音菩薩の最大の特徴が三昧行に優れている点であることは冒頭で触れたところですので、まずはそのことが経中、どのような形で表されているかを見てみることに致しましょう。

『爾《そ》の時《とき》に一切淨光莊嚴國《いっさいじょうこうしょうごんこく》の中《なか》に一《ひと》りの菩薩《ぼさつ》あり、名《な》を妙音《みょうおん》といふ。久《ひさ》しく已《すで》に衆《もろもろ》の徳本《とくほん》を植《う》ゑて、無量百千萬億《むりょうひゃくせんまんおく》の諸佛《しょぶつ》を供養《くよう》し親近《しんごん》したてまつりて、悉《ことごと》く甚深《じんじん》の智慧《ちえ》を成就《じょうじゅ》し、妙幢相三昧《みょうどうそうさんまい》・法華三昧《ほっけさんまい》・淨德三昧《じょうとくさんまい》・宿王戲三昧《しゅくおうけさんまい》・無縁三昧《むえんさんまい》・智印三昧《ちいんさんまい》・解一切衆生語言三昧《げいっさいしゅじょうごごんさんまい》・集一切功《しゅういっさいく》徳三昧《どくさんまい》・清淨三昧《しょうじょうさんまい》・神通遊戯三昧《じんつうゆけさんまい》・慧炬三昧《えこさんまい》・莊嚴王三昧《しょうごんのうさんまい》・淨光明三昧《じょうこうみょうさんまい》・淨藏三昧《じょうぞうさんまい》・不共三昧《ふぐさんまい》・日旋三昧《にっせんさんまい》を得《う》、是《かく》の如《ごと》き等《ら》の百千萬億恒河沙《ひゃくせんまんおくごうがしゃ》等《とう》の諸《もろもろ》の大三昧《だいさんまい》を得《え》たり。』（533頁）

〔その浄光荘厳国には妙音という名の菩薩がおりました。妙音菩薩は長きに渡って功徳を積み、無数の仏様をご供養し、その御下でお教えを受け、甚深の智慧をことごとく成就して、種々の三昧の境地を身につけておりました。それらの三昧は、妙幢相三昧・法華三昧・浄徳三昧・宿王戯三昧・無縁三昧・智印三昧・解一切衆生語言三昧・集一切功徳三昧・清浄三昧・神通遊戯三昧・慧炬三昧・荘厳王三昧・浄光明三昧・浄蔵三昧・不共三昧・

日旋三昧などの大三昧でありました」

このように、本文において妙音菩薩は数多くの大三昧を修めた三昧の達人として紹介されています。ここにあげられている種々の三昧は、薬王菩薩本事品にも出てきていた現一切色身三昧として総称されるものですが、それにつきましては後ほど改めて見ることにして、ここでは、妙音菩薩が数々の三昧を得た三昧の達人である点のみ押さえておくことに致します。

清浄心が三昧を得るための条件

次に取り上げる妙音菩薩の特徴は、その姿形の美しさです。

『是《こ》の菩薩《ぼさつ》の目《め》は廣大《こうだい》の青蓮華《しょうれんげ》の葉《は》の如《ごと》し、正使《たとい》百千萬《ひゃくせんまん》の月《つき》を和合《わごう》せりとも、其《そ》の面貌《めんみょう》端正《たんじょう》なること復此《またこ》れに過《す》ぎん。身《み》は眞金《しんこん》の色《いろ》にして、無量百千《むりょうひゃくせん》の功徳荘嚴《くどくしょうごん》せり。威徳熾盛《いとくしじょう》にして光明照曜《こうみょうしょうよう》し、諸相具足《しょそうぐそく》して那羅延《ならえん》の堅固《けんご》の身《み》の如《ごと》し。』（538頁）

〔妙音菩薩の目は青蓮華の広い葉のように大きく清らかに澄み渡り、端正な面差しと輝きは、たとえ百千万の月を合わせたとしても及ばないほどです。その身は純金のような色であり、量り知れないほどの功徳で荘厳な輝きを放っています。威徳が光明となってその身から溢れ出て、諸々の徳相を具えており、大力の那羅延天のようなたくましい体格をしています」

と描かれている妙音菩薩の姿に現れているのは、妙音菩薩の清浄度の高さです。すなわち、優れた三昧を得る条件の第一が心の清らかさであるということが妙音菩薩の姿形の美しさで示されているのです。

前品で学びましたように、清浄な状態の基本は五障がないことで、大清浄であるためには、お釈迦様への堅固な帰依心が必要不可欠です。この堅固な帰依心がいかなるものであるかについては、薬王菩薩本事品において、母「憍曇彌」の息子「お釈迦様」への愛情になぞらえて理解を深めたところですが、妙音菩薩品では同じことが妙音菩薩の言葉をもって、次のように表現されています。

『世尊《せそん》、浄華宿王智佛《じょうけしゅくおうちぶつ》、世尊《せそん》を問訊《もんじん》したまふ、小病小惱起居輕利《しょうびょうしょうのうききょうり》にして安樂《あんらく》に行《ぎょう》じたまふや不《いな》や。四大調和《しだいちょうわ》なりや不《いな》や。世事《せじ》は忍《しの》びつべしや不《いな》や。衆生《しゅじょう》は度《ど》し易《やす》しや不《いな》や。貪欲《どんよく》・瞋恚《しんに》・愚癡《ぐち》・嫉妬《しっと》・慳慢《けんまん》多《おお》きことなしや不《いな》や。父母《ぶも》に孝《こう》せず、沙門《しゃもん》を敬《うやま》はず、邪見不善《じゃけんふぜん》の心《こころ》にして五情《ごじょう》を攝《おさ》めざることなしや不《いな》や。世尊《せそん》、衆生《しゅじょう》は能《よ》く諸《もろもろ》の魔怨《まおん》を降伏《ごうぶく》するや不《いな》や。』（539頁）

〔お釈迦様、浄華宿王智仏からのご挨拶を申し上げます。お釈迦様におかれましては、心身ともに病なく、御立ち居も軽やかで安楽にお過ごしでいらっしゃいますでしょうか。ご体調はよろしくていらっしゃいますでしょうか。世の中のことで堪え難いことはございませんでしょうか。衆生は教化しやすいでしょうか。貪り・怒り・愚痴・嫉妬・もの惜しみ・うぬぼれの心が溢れ返ってはいませんでしょうか。父母に孝行せず、出家者を敬わず、よこしまなものの見方を持ち、心も不善で、煩悩から生じる欲望を制御できないことはありませんでしょうか。お釈迦様、衆生はよく魔性の悪念に打ち勝っておりますでしょうか〕

この言葉は、従地涌出品で見た本化菩薩の心性と重なるものですが、その根底にあるのは、何よりもお釈迦様を第一とする無我の心です。この無我の状態こそが、妙音菩薩品で特に強調されている大清浄の本質です。だからこそ、究極の清浄心は、本仏お釈迦様への絶対的な信心・帰依心から生まれるといわれているのです。

現一切色身三昧

さて、ここまで妙音菩薩が三昧の達人であり、その秘訣が清浄心であることを見たところで、今度は、妙音菩薩が修めた三昧そのものについて学んでゆくことに致しましょう。

『善男子《ぜんなんし》、其《そ》の三昧《さんまい》を現一切色身《げんいっさいしきしん》と名《なづ》く。妙音菩薩《みょうおんぼさつ》是《こ》の三昧《さんまい》の中《なか》に住《じゅう》して、能《よ》く是《かく》の如《ごと》く無量《むりょう》の衆生《しゅじょう》を饒益《にょうやく》す。』（545頁）

〔善男子よ、その三昧は現一切色身三昧といいます。妙音菩薩はこの三昧に住しているからこそ、このようによく無量の衆生に利益をもたらすことができるのです〕

とありますように、妙音菩薩が修めたのは、現一切色身三昧という三昧で、先に触れたとおり、この現一切色身三昧は諸々の三昧の総称です。

この妙音菩薩品をはじめとして、法華経には数多くの三昧名が出てまいりますが、実は、それらは本来一体であり、一つひとつをまったく別ものとして線引きすることはできません。無数の三昧名は、三昧がいかなるものであるかを様々な側面から捉えた結果生まれたものです。つまり、三昧の種々の妙用がそれぞれの三昧名で表現されているということです。

では、「現一切色身三昧」という場合に強調されていますのは三昧のいかなる妙用でしょうか。

「三昧＝法界知見」という基本を踏まえて三昧名を解釈しますと、法界の「一切」が「色身」で、つまり、肉眼で見ているこの世のものと同じような形で確認できるということが名称で表されていることがわかります。

さらに、本文の次の記述を見ますと、「現一切色身」で表されていることがより具体的に見えてまいります。

『華徳《けとく》、汝但《なんじただ》妙音《みょうおん》菩薩《ぼさつ》其《そ》の身此《みここ》に在《あ》りとのみ見《み》る。而《しか》も是《こ》の菩薩《ぼさつ》は種々《しゅじゅ》の身《み》を現《げん》じて、處々《しょしょ》に諸《もろもろ》の衆生《しゅじょう》の爲《ため》に是《こ》の經典《きょうでん》を説《と》く。或《あるい》は梵王《ぼんのう》の身《み》を現《げん》じ、或《あるい》は帝釋《たいしゃく》の身《み》を現《げん》じ…（中略）…或《あるい》は天《てん》・龍《りゅう》・夜叉《やしゃ》・乾闥婆《けんだつば》・阿脩羅《あしゅら》・迦樓羅《かるら》・緊那羅《きんなら》・摩睺羅伽《まごらが》・人非人等《にんぴにんとう》の身《み》を現《げん》じて是《こ》の經《きょう》を説《と》く。

諸有《しょう》の地獄《じごく》・餓鬼《がき》・畜生及《ちくしょうおよ》び衆《もろもろ》の難處皆《なんじょみな》能《よ》く救濟《くさい》す。乃至王《ないしおう》の後宮《ごぐう》に於《お》いては、變《へん》じて女身《にょしん》となつて是《こ》の經《きょう》を説《と》く。華德《けとく》、是《こ》の妙音菩薩《みょうおんぼさつ》は能《よ》く娑婆世界《しゃばせかい》の諸《もろもろ》の衆生《しゅじょう》を救護《くご》する者《もの》なり。是《こ》の妙音菩薩《みょうおんぼさつ》は是《かく》の如《ごと》く種々《しゅじゅ》に變《へん》化《げ》し身《み》を現《げん》じて、此《こ》の娑婆國土《しゃばこくど》に在《あ》つて諸《もろもろ》の衆生《しゅじょう》の爲《ため》に是《こ》の經典《きょうでん》を説《と》く。神通《じんつう》・變化《へんげ》・智慧《ちえ》に於《お》いて損減《そんげん》する所《ところ》なし。是《こ》の菩薩《ぼさつ》は若干《そこばく》の智慧《ちえ》を以《もっ》て明《あきら》かに娑婆世界《しゃばせかい》を照《てら》して、一切衆生《いっさいしゅじょう》をして各所知《おのおのしょち》を得《え》せしむ。』（541頁）

〔華徳よ、妙音菩薩の姿は、今ここに見える姿に限りません。この菩薩は種々の姿を現じて、方々で諸々の衆生のためにこの経典を説いてきました。時には梵天王の身を現し、時には帝釈天の身を現し…（中略）…

あるいはまた、天人・龍神・夜叉・乾闥婆・阿修羅・迦樓羅・緊那羅・摩睺羅伽などの鬼神、および人間、そして人間以外の生きものの姿を現じてこの経を説いてきました。

妙音菩薩は、地獄・餓鬼・畜生界をはじめとする様々な苦難の世界に落ち入っている人々をことごとく救済してきました。

また、王の後宮では女身に変じてこの教えを説いてきました。華徳よ、この妙音菩薩は、娑婆世界の諸々の衆生をよく救護する者です。この妙音菩薩はこのように種々に変化の身を現じて、この娑婆世界で諸々の衆生のためにこの経典を説きます。その神通・変化・智慧の力は、損なわれたり、減少したりすることはありません。この菩薩は、数多くの智慧を示して娑婆世界を明るく照らし、一切衆生のそれぞれに、知るべきところを知らしめます」

ここで説かれている「種々に変化して教えを説く」という妙音菩薩の能力は、法界知見の具体例です。つまり、相手の法界（心の世界）をこの世のものと同じような形で的確に捉え、それに応じた姿を現して法界に分け入り、相手に合わせた形で法を説く能力を得た状態が「現一切色身三昧」と表されている三昧の妙用なのです。

三昧についてもう一段深く考えようとしますと「妙音菩薩」という名前にその鍵があることに気がつきます。すなわち、「妙音」の「音」は、今でいう「波動」を意味しており、そこに三昧の実体が表されているのです。

現在、科学の世界では、この世のものの最小単位はもはや固体ではなく、エネルギーのかたまりのようなものといわれています。そして、そのエネルギーのかたまりは波動のような性質を持ち、互いに干渉しながら存在しているそうです。

その科学の理論を借りて「妙音」で表されていることを考えますと、三昧は、存在するものの究極の姿である波動（音）の動きをキャッチして、その波動が持つ情報を五感で捉えられる形（色身）として認識できる力といえるでしょう。それは、目に見えない電波の情報を音や映像に変換するテレビやラジオのようなシステムに似ているといえますが、その情報量は、テレビやラジオをはるかに上回ります。

三昧は、物質・出来事・人の思いをはじめとするあらゆる事象の五感では捉えられない次元の情報を、視覚・聴覚・嗅覚・味覚・触覚に変換してもたらします。しかもその情報には、現在・過去・未来という時間の隔たりはありません。三昧に入りますと、あたかもコンピュータがデータにアクセスするように、あらゆる時代のあらゆる次元の情報にアクセスして、形として捉えることができるのです。

お釈迦様の菩提樹下での悟りも、このような波動を捉えて、あらゆる時代のすべての事象を知覚された結果もたらされたものでした。お釈迦様は、目に見える世界を成り立たせている波動の世界を法界として知覚し、そのシステムを悟られたのです。

お釈迦様は、人の思考性が波動レベルでどのような干渉を引き起こし、現実世界にいかなる影響を及ぼすかをつぶさに見極められ、仏あるいは魔の動きとして認識されました。この仏・魔の動きがお釈迦様の説かれる善悪の尺度ということになりますが、仏も魔も、元をたどって波動レベルに煎じ詰めれば、同じシステムの一環にすぎず、まったく別ものの相対する存在ではありません。そして、この土台となっているシステムこそが、仏教で「一如の法理」といわれているものです。ですから、法界を知見することはこの一如の法理を知ることといえるのです。

以上を踏まえて三昧全般の妙用をまとめれば、「音（波動）の違いでものの微妙な違いを知り、相対的な善悪を超えた妙なる一如の法理を悟ること」といえるでしょう。三昧は一切の事象・存在の究極の姿を覚知させ人間に真実を悟らしめる偉大な力なのです。

さて、今見た「波動レベルでの知覚が三昧力」という前提で、妙音菩薩が具足した現一切色身三昧を捉え直してみましょう。

存在する事象すべての土台が波動であるならば、法を説くという行為は、相手のよい波長を増幅させ、悪い波長を打ち消す波動を発する行為ということができます。いわば、思考性への働きかけで、人間存在の根源である「波」に善なる変化をもたらすのが「法」というわけです。

妙音菩薩は、現一切色身三昧に入って三十四もの姿を現すことができるといわれていますが、それは、相手の波長に応じた多彩な法を説くことができる妙音菩薩の特徴を比喩的に表現したものです。すなわち、現一切色身三昧に入りますと、人それぞれの波長の違いを見極めた上で、仏の波動への変化をもたらす妙なる「音」を自在に奏でられることが、妙音菩薩という存在で示されているのです。

妙音行の位置づけ

現一切色身三昧の内容について一通り見たところで、今度はその位置づけを整理しておくことに致します。

まず、現一切色身三昧が妙音菩薩品に出てくる他の諸々の三昧の総称であることは先に触れたとおりです。そして、諸々の三昧として列挙されている中で最もレベルが高いのは法華三昧です。ですから、法華三昧は現一切色身三昧の最終段階ということもできます。

無量義経十功徳品第三の解説で触れましたように、菩薩行一〜七段目のレベルで得られるのが諸々の三昧ですから、その最終段階である法華三昧を得ることは、七段目の行力に達したことの証明となります。したがって、品の最後にある

『是《こ》の妙音菩薩來往品《みょうおんぼさつらいおうほん》を説《と》きたまふ時《とき》、四萬二千《よんまんにせん》の天子《てんじ》無生法忍《むしょうほうにん》を得《え》、

華徳菩薩《けとくぼさつ》法華三昧《ほっけさんまい》を得《え》たり。』（546頁）

〔この妙音菩薩来往品が説かれた時、四万二千の菩薩らは、現象の変化に心を揺らされることのない境地を得、華徳菩薩は法華三昧を得ました〕という一節は、華徳菩薩、すなわち本化菩薩が妙音菩薩品を悟り、それにより菩薩第七の功徳力を得たことを表していることになるわけです。

今見た十功徳品との関連を基にしますと、現一切色身三昧は、仏説観普賢菩薩行法経との関連からも理解を深めることができます。

見寶塔品第十一の解説で触れましたように、仏説観普賢菩薩行法経は、お釈迦様が地上でなされた修行の要点が説かれている経であり、三昧中に経験する内容についても、いくつか具体的にあげられています。
今見た十功徳品でいうところの第一～第七の段階は、観普賢菩薩行法経において、
『普賢《ふげん》を見《み》る』（603頁）
『普賢菩薩《ふげんぼさつ》を観《かん》ずる』（611頁）
段階として説かれております。すなわち、これが現一切色身三昧を得た時に経験する内容ということです。
「普賢菩薩を見る・観ずる」ということは、文字どおり普賢菩薩の姿形を見るということではなく、行者の行力に基づいての知見があることの

隠喩です。つまり、行力に応じた法界知見を頂けるようになるのが現一切色身三昧を得る段階ということです。先に「種々の三昧名は、三昧がいかなるものであるかを様々な側面から捉えた結果生まれたもの」と記しましたが、妙音菩薩品に出てくる諸々の三昧は、行力に応じて経験する様々な知見が、レベルや内容によって細分化され名づけられたものといえるのです。

三昧＝懺法

現一切色身三昧を得る状態が普賢菩薩行の一段階として位置づけられ

たように、すべての三昧は普賢行のいずれかの段階にレベル分けができます。結局のところ、三昧行は普賢行、すなわち懺法でありますし（『妙法蓮華経之要諦二』65頁）、三昧行の浄化という面に光をあてれば、浄化行＝懺法であることは論じるまでもないことです。

提婆達多品で見ましたように、懺法とは、本仏であられるお釈迦様に直接懺悔をすることで救済を頂ける修行法理ですが、薬王菩薩本事品と妙音菩薩品で説かれているのは、その懺悔の要点です。それは、五障を滅して煩悩我を無くし、最終的にはお釈迦様第一となる大清浄に至る道であります。この意味で、薬王行とその補足である妙音行は普賢行の特に重要なポイントが浄行時代に合わせて取り上げられ、説き直されたものともいえるのです。

懺悔とは、自らの内面に目を向け、人間存在の根源たる心のありようを深く探求する行為でありますが、妙音菩薩の大清浄心も、まさにそのような懺悔の繰り返しにより得られたものでありました。

妙音菩薩は自らの心を法に照らして微細に見つめ、法にそぐわないものは一つひとつ排除して、心を整えてゆきました。法で映し出された心は、お釈迦様が説かれた宇宙観そのままに様々な住人が住まう場所であり、浄化の過程は、四弘誓願法に則ったものでありました。

自らの内なる世界を平定してゆく中で妙音菩薩が確信したのは、心こそがお釈迦様とつながっている場所であるということでした。別の言い方をすれば、「自分の心の法界はお釈迦様の世界の一部であり、人間はお釈迦様の法界の住人である」と実感を持って観じることができたのです。そして、そうであるからこそ、自分の心という法界を浄化することそのものが、お釈迦様の世界を完全な仏国土に近づけることであり、お釈迦様と一体になることであると悟ったのです。三昧行の核心である「大清浄心」の究極は、このようなお釈迦様との一体化、波動的にいえば、お釈迦様との完全な同調にあります。

この大清浄を突き詰めることは、お釈迦様の説かれた法の源流をたどるようなものかもしれません。流れの源に見えてきますのは、お教えの原点、七仏通戒偈《しちぶつつうかいげ》です。

七仏通戒偈の響きは大清浄心と深く大きく共鳴するものです。仏教の広海の源泉に凝縮されている、言葉には表しきれない深遠な仏様のご真意は、澄み渡った心に湧き上がるように響き渡り、その心は妙なる音を永遠に奏でつづけます。

諸悪莫作《しょあくまくさ》。

衆《しゅ》善《ぜん》奉《ぶ》行《ぎょう》。
自《じ》浄《じょう》其《ご》意《い》。
是《ぜ》諸《しょ》仏《ぶっ》教《きょう》。

悪とは何か、善を行うとはどういうことか、清浄とはいかなる状態か、
仏のお教えとは…深く悟り、仏の妙音を奏すべし。

第六章

妙法蓮華経観世音菩薩普門品第二十五の解説

第六章　妙法蓮華経観世音菩薩普門品《みょうほうれんげきょうかんぜおんぼさつふもんぼん》第二十五の解説《げせつ》

伝法行について説き明かされた観世音菩薩普門品

妙音行を経た本化菩薩は、意《こころ》（煩悩）を盡《つ》くして仏様を疑う心の無い〈無盡意菩薩《むじんいぼさつ》〉となりました。その清浄行を修めた本化菩薩に対して説かれたのが観世音菩薩普門品です。

前品の解説で触れましたように、薬王行が内外に分けて説かれたのが妙音行と観音行で、観音行は「身をもっての供養（伝法）」が詳説されたものです。そして、いうまでもなく、観世音菩薩は本化菩薩の修行モデルです。

この品も前品同様、観世音菩薩の紹介を通して観音行の要諦が説き明かされておりますので、表されている菩薩の特徴を追うことで行法の理解を深めてゆくことに致します。

本文は、無盡意菩薩がお釈迦様にご質問するところから展開してゆきますので、まずはその冒頭の無盡意菩薩の質問内容から見てみることに致しましょう。

『爾《そ》の時《とき》に無盡意菩薩《むじんいぼさつ》、即《すなわ》ち座《ざ》より起《た》つて、偏《ひとえ》に右《みぎ》の肩《かた》を袒《あらわ》にし、合掌《がっしょう》し佛《ほとけ》に向《むか》ひたてまつりて、是《こ》の言《ことば》を作《な》さく、世尊《せそん》、觀世音菩薩《かんぜおんぼさつ》は何《なん》の因縁《いんねん》を以《もっ》てか觀世音《かんぜおん》と名《なづ》くる。』（547頁）

〔その時、無盡意菩薩（本化菩薩）が座より立ち上がり、右肩を現してお釈迦様に合掌しながらお伺い申し上げました。

「お釈迦様、観世音菩薩はいかなる理由で観世音菩薩というお名前でいらっしゃるのでしょうか」〕

この問いに対して、お釈迦様のお答えは、次のようでありました。

『佛《ほとけ》、無盡意菩薩《むじんいぼさつ》に告《つ》げたまはく、

善男子《ぜんなんし》、若《も》し無量《むりょう》百千萬億《ひゃくせんまんおく》の衆生《しゅじょう》あつて諸《もろもろ》の苦悩《くのう》を受《う》けんに、是《こ》の観《かん》世音菩薩《ぜおんぼさつ》を聞《き》いて一心《いっしん》に名《な》を稱《しょう》せば、觀世音菩薩《かんぜおんぼさつ》即時《そくじ》に其《そ》の音聲《おんじょう》を觀《かん》じて、皆《みな》解脱《げだつ》することを得《え》せしめん。』(547頁)

〔お釈迦様は無盡意菩薩に仰せになりました。

「善男子よ、もし世の多くの衆生が諸々の苦悩を受けた時、観世音菩薩の力を聞き及んで、一心にその名を称《とな》えれば、観世音菩薩は即座にその声の響きを観じて、すべての者を苦しみから解脱させてくれます」〕

このお言葉からわかりますように、観世音菩薩の特徴はそのお名前で表されています。すなわち、世音《せおん》（世の中の悩み・苦しみ）をよく観察し理解するがゆえに観世音菩薩と称され、さらにいえば、その観察・理解に基づいて、普くすべての人々を解脱の門へと導く菩薩について説かれた品であるからこそ、観世音菩薩普門品という品名が冠せられているのです。

この観世音菩薩のお名前に関するお釈迦様のご解説は、「身をもっての供養（伝法）」がいかなるものであるかを要約して言い表したものとも捉えられます。つまり、「世の人々の悩み・苦しみをつぶさに観察し、深く理解した上で法を伝えることにより救済をする」、それが観音行ということです。

救済の内容

それでは、観世音菩薩は具体的にどのような事柄から人々を救うことができるのでしょうか。

結論からいえば、人間が遭遇するありとあらゆる苦難、すなわち、大乗的災い（外的な災難）からも、小乗的苦しみ（個人が各々に体験する境遇的・内面的苦しみ）からも人々を救う力があると経には記されております。

まず、大乗的な災いからの救済についてですが、本文では次のように説かれています。

『若《も》し是《こ》の觀世音菩薩《かんぜおんぼさつ》の名《な》を持《たも》つことあらん者《もの》は、設《たと》ひ大火《だいか》に入《い》るとも火《ひ》も焼《や》くこと能《あた》はじ、是《こ》の菩薩《ぼさつ》の威神力《いじんりき》に由《よ》るが故《ゆえ》に、若《も》し大水《だいすい》に漂《ただよ》はされんに、其《そ》の名號《みょうごう》を稱《しょう》せば即《すなわ》ち淺《あさ》き處《ところ》を得《え》ん。（中略）無盡意《むじんい》、觀世音《かんぜおん》菩薩摩訶薩《ぼさつまかさつ》は威神《いじん》の力《ちから》巍々《ぎぎ》たること是の如《かく》し《ごと》。』（548頁）

〔もしこの観世音菩薩の名をしっかり心に持ちつづけている者がいれば、その者は、たとえ大火に巻かれたとしても、火に焼かれることはないでしょう。それは、この菩薩に偉大な神通力があるからです〈火難《かなん》〉。同じように、もし大水に飲み込まれたとしても、この菩薩の名を称えれば、浅い場所に流れ着くことができるでしょう〈水難《すいなん》〉。

もし、多くの人々が、金・銀・瑠璃・硨磲・瑪瑙・珊瑚・琥珀・真珠などの宝物を求めて大海に乗り出した際、暴風で船が押し流され、羅刹鬼の国に漂流したとしましょう。もし、その乗組員の一人が観世音菩薩の名を称えたなら、乗組員全員が羅刹鬼に危害を加えられることなく、無事に戻ることができるでしょう〈羅刹難《らせつなん》〉。このような力からこの菩薩は観世音と名づけられているのです。

また、もし人が刀で斬られそうになった時、観世音菩薩の名を称えれば、その刀はバラバラに折れて、斬られることはないでしょう〈刀杖難《とうじょうなん》〉。

あるいは、もし、世界に満ちている夜叉や羅刹が人を悩ませようとやってきても、観世音菩薩の名を称えるのを聞けば、その悪眼で見ることさえできなくなります。ましてや、害を加えることなど到底できません〈鬼難《きなん》〉。

もし、人が罪を犯し、あるいは無実の罪によって捕らわれて、手かせ、足かせをはめられ、鎖で繋がれた時、観世音菩薩の名を称えれば、身を拘束しているそれらの物はことごとく壊れ、たちまちに解き放たれます

〈枷鎖難《かさなん》〉。

そして、もし、盗賊が横行している中、一人の隊長に率いられた隊商が貴重な宝を持って険しい道を通過している時、一行の中の一人が仲間に、「皆さん、恐れることはありません。皆で一心に観世音菩薩の名号を称えましょう。この菩薩は畏れなき心をもたらして人々を救済してくれます。皆で観世音菩薩の御名を称えれば、盗賊の難から逃れることができるのです。」と言い、一同がその言葉に従って一斉に南無観世音菩薩と称えたとします。そうすると、それにより一同は災難を免れることができるのです。無盡意菩薩よ、観世音菩薩の神力は、かくも偉大なものなのです〈怨賊難《おんぞくなん》〉」

観世音菩薩は「七難から護ってくださる菩薩」として有名ですが、その根拠となっていますのがこの部分です。ここに記されている火難・水難・羅刹難・刀杖難・鬼難・枷鎖難・怨賊難という七つの大乗的災難からの救済力が、観世音菩薩の特徴的な能力のひとつなのです。

次に、観世音菩薩のもう一つの能力的特長である小乗的な苦からの救済力についてですが、本文では、

『無盡意《むじんい》、是《こ》の観世音菩薩《かんぜおんぼさつ》は是《かく》の如《ごと》き功徳《くどく》を成就《じょうじゅ》して、種々《しゅじゅ》の形《かたち》を以《もっ》て

諸《もろもろ》の國土《こくど》に遊《あそ》んで、衆生《しゅじょう》を度脱《どだつ》す。』（555頁）

〔無盡意菩薩よ、観世音菩薩はこのような功徳力を成就しており、様々な姿で方々に自在に現れ、衆生を解脱に導きます〕

と総論的に示されると同時に多くの具体例があげられています。

本文で説かれていますのは、相手に応じて法を説くことで人々を個別に救済する観世音菩薩の能力で、内容的には前品で妙音菩薩の能力として学んだことと重なります。僅かな違いは、妙音菩薩が三十四に分身するといわれているのに対して観世音菩薩は三十三に分身するといわれている点ですが、意味合いとしてはまったく同じです。

以上、本文で具体例があげられて詳しく示されていますとおり、観世音菩薩の救済内容は多岐に渡ります。観世音菩薩は、人間がこの世で体験するあらゆる災い・悩み・苦しみから人々を救うことのできる優れた菩薩なのです。

救済の方法　―祈願修法―

では、観世音菩薩はなぜこのように人々を救うことができるのでしょうか。それは、引用部で説かれていますように、神通力があるからです。

すなわち、観世音菩薩は「本仏から発信される神力の中継地点となって法の功徳をもたらす力」を具えているのです。

神力に関しましては『是《こ》の經《きょう》は本佛《ほんぶつ》の諸《もろもろ》の室宅《しったく》の中《うち》より來《きた》り、去《さ》って一切衆生《いっさいしゅじょう》の發菩提心《ほつぼだいしん》に至《いた》り、諸《もろもろ》の菩薩所行《ぼさつしょぎょう》の處《ところ》に住《じゅう》す』（32頁）と表される絶対法理がありますが、観世音菩薩はこの法理に則った形で神力を地上に導引することができます。その観世音菩薩の神力導引法は〈祈願修法〉といわれ、具体的内容については、本文中、観世音菩薩と無盡意菩薩とのやり取りで詳しく描かれているところです。この両者のやり取りは、品の中核ともいえるものですので、全体を丁寧に読み、「伝法による救済」の実践がいかなるものであるかを掴んでゆくことに致しましょう。

場面は、先の観世音菩薩の能力的特長について説かれた直後のお釈迦様のお言葉から始まります。

『無盡意《むじんい》、是《こ》の觀世音菩薩《かんぜおんぼさつ》は是《かく》の如《ごと》き功德《くどく》を成就《じょうじゅ》して、種々《しゅじゅ》の形《かたち》を以《もっ》て諸《もろもろ》の國土《こくど》に遊《あそ》んで、衆生《しゅじょう》を度脱《どだつ》す。是《こ》の故《ゆえ》に汝等《なんだち》、應當《まさ》に一心《いっしん》に觀世音《かんぜおん》菩薩《ぼさつ》を供養《くよう》すべし。是《こ》の觀世音菩薩摩訶薩《かんぜおんぼさつまかさつ》は、怖畏急難《ふいきゅうなん》の中《なか》に於《おい》て能《よ》く無畏《むい》を施《ほどこ》す。是《こ》の故《ゆえ》に此《こ》の娑婆世界《しゃばせかい》に皆之《みなこれ》を號《ごう》して施無畏者《せむいしゃ》とす。

無盡意菩薩《むじんいぼさつ》、佛《ほとけ》に白《もう》して言《もう》さく、

世尊《せそん》、我今當《われいままさ》に觀世音菩薩《かんぜおんぼさつ》を供養《くよう》すべし。

即《すなわ》ち頸《くび》の衆寶珠《しゅほうじゅ》の瓔珞《ようらく》の價直百千兩金《けじきひゃくせんりょうごん》なるを解《と》いて以《もっ》て之《これ》を與《あた》へ、是《こ》

の言《ことば》を作《な》さく、

仁者《にんしゃ》、是《こ》の法施《ほうせ》の珍寶《ちんぽう》の瓔珞《ようらく》を受《う》けたまへ。

時《とき》に觀世音菩薩《かんぜおんぼさつ》肯《あえ》て之《これ》を受《う》けず。

無盡意《むじんい》、復《また》觀世音菩薩《かんぜおんぼさつ》に白《もう》して言《もう》さく、仁者《にんしゃ》、我等《われら》を愍《あわれ》むが故《ゆえ》に此《こ》の瓔珞《ようらく》を受《う》けたまへ。

爾《そ》の時《とき》に佛《ほとけ》、觀世音菩薩《かんぜおんぼさつ》に告《つ》げたまはく、當《まさ》に此《こ》の無盡意菩薩《むじんいぼさつ》及《およ》び四衆《ししゅう》・天《てん》・龍《りゅう》・夜叉《やしゃ》・乾闥婆《けんだつば》・阿脩羅《あしゅら》・迦樓羅《かるら》・緊那羅《きんなら》・摩睺羅伽《まごらが》・人非人等《にんぴにんとう》を愍《あわれ》むが故《ゆえ》に是《こ》の瓔珞《ようらく》を受《う》くべし。

即時《そくじ》に觀世音菩薩《かんぜおんぼさつ》、諸《もろもろ》の四衆《ししゅう》及《およ》び天《てん》・龍《りゅう》・人非人等《にんぴにんとう》を愍《あわれ》んで其《そ》の瓔珞《ようらく》を受《う》け、分《わか》つて二分《にぶん》と作《な》して一分《いちぶん》は釋迦牟尼佛《しゃかむにぶつ》に奉《たてまつ》り、一分《いちぶん》は多寶佛塔《たほうぶっとう》に奉《たてまつ》る。

無盡意《むじんい》、觀世音菩薩《かんぜおんぼさつ》は是の如《かく》き《ごと》自在神力《じざいじんりき》あつて娑婆世界《しゃばせかい》に遊《あそ》ぶ。』（555頁）

〔「無盡意菩薩よ、観世音菩薩はこのような功徳力を成就しており、様々な姿で方々に自在に現れ、衆生を解脱へ導きます。ですから、あなた方は一心に観世音菩薩を供養すべきです。この観世音菩薩は、恐るべき災難のさなかにも動じる事のない強い三昧心を授けてくれます。それゆえ、この娑婆世界では皆、観世音菩薩を施無畏者と呼んでいるのです。」

お釈迦様のお言葉が終わると、無盡意菩薩はお釈迦様に申し上げました。

「お釈迦様、私は今ここですぐに観世音菩薩をご供養致したく存じます。」

無盡意菩薩はこのように申し上げるとすぐに、価値高い瓔珞の首飾りを首からはずして観世音菩薩に差し出し、

「情け深き観世音菩薩様、どうぞこの珍しき宝、瓔珞の首飾りを法施としてお受けくださりませ。」

と申しました。

しかし、観世音菩薩はそれを受け取ろうとはしませんでした。

そこで、無盡意菩薩は重ねて観世音菩薩に申し上げました。

「情け深き菩薩様、どうか私たちをお憐れみ頂き、この瓔珞をお受けくださりませ。」

するとその時、お釈迦様が観世音菩薩に仰せになりました。

「この無盡意菩薩、および出家・在家の修行者、天人、龍、夜叉、乾闥婆、阿修羅、迦樓羅、緊那羅、摩睺羅伽などの鬼神、人間そしてそれ以外のすべての生き物の気持ちを汲んで、その瓔珞を受け取っておあげなさい。」

そのお言葉を受けた観世音菩薩は、それらの気持ちを汲んで瓔珞を受け取り、それを二つに分けると、半分はお釈迦様に、半分は多寶仏塔に奉ったのでした。

するとお釈迦様は仰せになりました。

「無盡意よ、これで観世音菩薩があのような自在の神力をもって娑婆世界で自由自在に人々を救済できるわけがよく理解できることであろう」

と」

今見た部分で示されていますのは、祈願修法を行じる上での二つの原則です。すなわち、

一、本仏に直接祈る

二、相手の身になり相手のために祈る

という二点が神力導引の秘訣であることが、観世音菩薩の行動で表されているのです。

観世音菩薩は、はじめ、無盡意菩薩からの供養を断りました。それは、無盡意菩薩の根本的な間違いを正すためでありました。

無盡意菩薩は『汝等《なんだち》、應當《まさ》に一心《いっしん》に觀世音菩薩《かんぜおんぼさつ》を供養《くよう》すべし』(556頁)というお釈迦様のお言葉を受けて観世音菩薩に瓔珞を差し出しました。しかし、それは、お教えの根本が抜け落ちた軽率な行いでありました。お釈迦様のお言葉は「観音行を重んじなさい。観世音菩薩を見本として祈願修法を行いなさい。」という意味であったにもかかわらず、無盡意菩薩はお言葉をただ表面的に捉えてしまいました。迂闊にも『唯我一人《ゆいがいちにん》 能《のう》爲救護《いくご》（唯我一人のみ 能く救護を為す）』（162頁）という絶対法理を忘れてしまったのです。

これに対して観世音菩薩は、神力の出どころは本仏であられるお釈迦様であり、自身に救済する力があるわけではなく、したがって供養を受ける立場にもないことをわきまえていたため、無盡意菩薩が差し出した瓔珞を受け取ろうとはしませんでした。そうすることで、「祈願は本仏に対して直接なされるべきもの」という祈願修法の第一原則を示したのです。

しかし、最終的に観世音菩薩はお釈迦様に促され、無盡意菩薩の差し出した瓔珞を受け取りました。それは、無盡意菩薩に祈願修法の第二の原則を教えるためでありました。観世音菩薩は受け取った瓔珞を二つに分けてお釈迦様と多寶仏塔に奉ることで、「相手のために祈る」という神力を導引する上での大切な要件を示したのです。

瓔珞を受け取るということは、相手の立場に立って相手と同じ目線で苦しみや願いを理解し、あたかも自分のことのように捉えるということです。そして、それをお釈迦様と多寶仏塔に捧げることとは、相手の気持ちを汲み取った上で法に適う内容に整え、的確な言葉を用いて相手の代わりに本仏に直接祈願してあげるという一連の行為（＝代願法）を表しています。

このように、観世音菩薩は無盡意菩薩のとった浅はかな行動にその場で見事に対応して祈願修法のポイントを示し、無盡意菩薩を救済に導いたのでした。

この観世音菩薩の振る舞いからわかりますように、祈願修法は、法の理解の浅い者に法理を教えながら、本仏に相手の救済をひたすら祈る行です。この品の大きなテーマである「身をもっての供養（伝法）」とは、このような形で人々を救済することであり、つまるところ、それが本化菩薩の励むべき修行といえます。観世音菩薩は、頼ったりすがったりする存在ではありません。『観世音菩薩《かんぜおんぼさつ》の名《な》を持《たも》つ』（548頁）ということは、観世音菩薩を見倣って、自らが観世音菩薩のような行力を身につけるということなのです。

行力向上の鍵

祈願修法を通して行力を高める上では、鍵となる大きなポイントが二つあります。それらは、品の末尾、観世音菩薩の力がまとめて説かれている部分で示されていますので、順に見てゆくことに致しましょう。

まず、一つ目のポイントについては、本文中、次のように説かれています。

『眞觀清淨觀《しんかんしょうじょうかん》　廣大智慧觀《こうだいちえかん》　悲觀《ひかん》及《およ》び慈觀《じかん》あり』(561頁)

(観世音菩薩は)真観(真実を見極めるものの観方《みかた》)・清浄観(煩悩を離れた清浄なものの観方)・広大智慧観(広く智慧あるものの観方)・悲観(救済のために相手の苦を理解しようとする共感的なものの観方)および慈観(人々に楽を与えようとする情け深く思いやりのあるものの観方)を具えています」

経のお言葉は奥深く、一語一語を別の言葉に置き換えたり、意味内容を簡潔に説明したりすることは難しいのですが、先に見た「観世音」というお名前の由来や、三十三に分身できる能力を踏まえて総合的に捉えますと、この一節で示されていますのは、「観音行では救済相手を深く理解することが重要で、そのためにはここにあげられているようなものの観方が必要不可欠である」ということです。つまり、観音行においても「観」を身につけることに重きが置かれているのです。

以前、「成仏を目指して修行する者が身につけるべき仏様のものの観方」として〈如是十方観〉を学びましたが、ここにあげられている「真観、清浄観…」は内容的に如是十方観を別の角度から表現したものといえます。したがって、祈願修法は如是十方観を完成に近づける行とも捉えられます。つまり、「相手の法界に意識を向けて理解に努めることを通して仏の〈観〉を学す」ことが祈願修法において行力を向上させる第一の鍵なのです。

そして、観音行で行力をのばす上でのもう一つのポイントについては、次のような形で示されています。

『妙音観世音《みょうおんかんぜおん》　梵音海潮音《ぼんのんかいちょうおん》　勝彼世間音《しょうひせけんのん》あり』（561頁）

〔（観世音菩薩は）妙音観世音（相手に応じた慈悲深い智慧の言葉）・梵

音海潮音（大海の潮の音のように、人々の心のすみずみまで響き渡り煩悩を滅する清浄な言葉）・勝彼世間音（迷い多き世間の常識を超越した無駄のない威力ある言葉）を奏でることができます」

この一節で表されていますのは、祈願修法における「的確な祈りの内容と言葉の重要性」です。すなわち、たとえ本仏に対して直接祈願をしたとしても、その内容と言葉が法理に適っていなければ功徳を戴くことはできないということが示されているのです。

引用部にある「音」とは、「祈り」という念《おも》いや「言葉」という音声で奏でられる波動と捉えられますが、修行のゴールがお釈迦様との完全な同調である以上、祈願修法もお釈迦様との同調を目指す行であり、内容・言葉の響きともども、どれだけ仏様の波動に近づけられるかが問われます。

祈りの言葉は、薬王菩薩本事品での憍曇彌が抱いたようなお釈迦様の本誓願に近い祈りであることが大切です。すなわち、

『毎《まさ》に自《みずか》ら是《こ》の念《ねん》を作《な》す　何《なに》を以《もっ》てか衆生《しゅじょう》をして　無上道《むじょうどう》に入《い》り　速《すみや》かに佛身《ぶっしん》を成就《じょうじゅ》することを得《え》せしめんと』（431頁）

〔私は常にこのような気持ちを心にめぐらせています。「いかにして人々を無上道に入らしめ、速やかに成仏させようか」と〕

というお釈迦様の念いに近い慈悲心が根底にある祈りほど叶えられやすいということです。

そして、祈りの言葉はその念いを的確に表現するものでなければなりません。

『能《よ》く一言《いちごん》を以《もっ》て普《あまね》く衆《もろもろ》の聲《こえ》に應《おう》じ…』（25頁）

というくだりで説かれている造因仏法理は、一切のものが本仏のお言葉（＝波動）から生み出されたことをいったものですが、この法理は、本仏が人々の祈りの言葉に応じて動かれることを暗に示すものでもあります。祈りの言葉の響きが本仏の波動に近ければ近いほど大きな共鳴が起こり、仏の神力は強く発現され、結果、この世の事象は仏の説くところの善なる方向に向かい、人々には功徳がもたらされるのです。

法を修める上で祈願文・祈祷文が重要視される理由もここにあります。つまり、「何をどのような言葉を用いて祈るか」に個人の力量は表れるものですし、寺の格も祈願文・祈祷文に表れるものなのです。行者には言葉の研究が求められているといえましょう。

観音行は人間関係の中に

観音行は一見、宗教的な場での行を説いているようでありながら、その実、宗教の枠内にとどまらない、日常生活に直結した極めて実践的な行であります。とりわけ祈願修法の形態は、人が人を育てる場合の基本形態といえるでしょう。

例えば、親が子に食事や着替えの仕方を教えたり、先輩が後輩に仕事のやり方を教えたりする場面を考えてみますと、見本を見せてまねをさせ、できないところは手助けをしたり、代わりにやってあげたりと、観世音菩薩がなしたのと同じようなことを自然にしていることがわかるでしょう。そこには、相手の成長を願う気持ちがあることはいうまでもありません。

また、中間管理職的立場の人は、部下の声を上に通じる形で伝えたり、上層部の意向を下の者にわかるように説明したりするという形で、知らず知らずのうちに代願法のようなことを行っているものです。

このように、いくつかの例を思い浮かべただけでわかりますように、観世音菩薩の特徴的な能力は、人間がよりよい社会生活を営もうとする場合において、あらゆる場面で求められる能力といえます。状況を理解し、関わりのある人々の力量・精神状態を思いやり、臨機応変な判断を下し、行動できること、まさに融通無碍の状態こそが、社会をよりよくする上で欠かせない観音力《りき》なのです。

観世音菩薩普門品で説かれていますのは、日常の観音行的な出来事を真の観音行となすための要件です。それはすなわち、祈りによってお釈迦様のご意思をこの世の事象に反映させることであり、その具体的な方法は先に見たとおりです。

修行とは、日常生活、特に人間関係の中にあるもので、山に籠ったり、滝に打たれたりすることで成満するものではありません。お釈迦様が肉体的な苦行を捨てられた理由もそこにあります。人は人の間で磨かれ、成長するものだからこそ「人間」というのかもしれません。

この観世音菩薩普門品で、滅度後の本化菩薩に対する修行モデルを立てての教化は完結しますので、ここで改めてこれまでの三品で学んだことを整理しておくことに致しましょう。

まずは、薬王菩薩本事品・妙音菩薩品・観世音菩薩普門品で説かれていた薬王行・妙音行・観音行の位置づけですが、これらは、菩薩行の範である普賢菩薩の行法が滅度後に照準を合わせた形で説き直されたものでした。そして、これら三つの行の内、薬王行が総論であり、妙音行と観音行は、薬王行の補足でありました。

内容的には、妙音行が三昧を究めて大清浄心を得る自己完成行であるのに対して、観音行は応身力を用いた他人救済法でありました。したがって、それぞれを菩薩六度行《りくどぎょう》といわれる六波羅密と対応させますと次のようになります。

薬王行（六波羅密）
- 妙音行…戒・定・慧・精進波羅密
- 観音行…施・忍波羅密

このように整理することで見えてきますのは、薬王行・妙音行・観音行は「人としていかに生きるべきか」の答えを示しているということです。自らの心を大清浄目指して磨き上げ、正しい見識を身につけ、その場、その時、その相手に応じた振る舞いをなしながら他者・世の中のために尽くすこと、つまり、「上求菩提《じょうぐぼだい》　下化衆生《げけしゅじょう》」（自ら上を目指しながら後輩を導く）こそが人間としての最上の生き方であることを、お釈迦様はモデルを立ててわかりやすく説いてくださっているのです。そして、その価値高い生き方を希求して生まれてきているのが本化菩薩の霊魂なのです。

自ら大乗の願《がん》を立てて地上に降りてきた　そして苦海《くかい》を生きれり

合掌

第七章

妙法蓮華経陀羅尼品第二十六の解説

第七章　妙法蓮華経陀羅尼品《みょうほうれんげきょうだらにほん》第二十六の解説《げせつ》

対象レベルは菩薩九段目

観世音菩薩普門品までのご説法を拝受してきた本化菩薩は悟りを得て、菩薩九段目のレベルに到達することができました。菩薩九段目とは、無量義経十功徳品において、

『諸《もろもろ》の三昧《さんまい》・首楞嚴三昧《しゅりょうごんさんまい》を獲《え》、大總持門《だいそうじもん》に入《い》り、勤精進力《ごんしょうじんりき》を得《え》て速《すみや》かに上地《じょうち》に越《こ》ゆることを得《え》、善《よ》く分身散體《ふんじんさんたい》して十方《じっぽう》の國土《こくど》に遍《へん》じ、一切《いっさい》

二十五有《にじゅうごう》の極苦《ごくく》の衆生《しゅじょう》を抜済《ばっさい》して悉《ことごと》く解脱《げだつ》せしめん。』（46頁）

〔（第九の功徳を得ると）魔界も含めた全法界を知見できる首楞厳三昧をはじめとする高度な三昧を獲得し、仏魔一如の絶対的な善を悟り、精進を怠らない強い精神力を得て自由に解脱することができ、神通によりあらゆるところに赴いて、苦しみにあえぐ人々を選別して救済し解脱させることができます〕

と表されるレベル、すなわち、伝法者としての十分な力量を具えた状態です。このレベルの菩薩たちには、惑う心はもはや微塵もなく、彼らは、勇猛果敢、かつ、しなやかに法を説き広めることができ、それを生き甲斐としております。そのような行力の高い菩薩等のために説かれたのが陀羅尼品です。

陀羅尼品は、薬王菩薩・勇施《ゆぜ》菩薩・毘沙門天《びしゃもんてん》・持国天《じこくてん》・十羅刹女《じゅうらせつにょ》という立場の異なる存在が、〈陀羅尼呪《だらにしゅ》〉と呼ばれる不思議な響きを持つ言葉を順に説くことのみで展開する、一見、摑みどころのない品です。品名にもなっているこの〈陀羅尼呪〉とは一体何なのでしょうか。陀羅尼品はこの問いを中心テーマに据えて理解に努めてまいることに致しましょう。

言葉の意味

「陀羅尼呪とは何か」というテーマに取り組むにあたり、まずは言葉の意味を見ることから始めることに致します。

〈陀羅尼〉は「ダラニ」というサンスクリット語（古代インドの言語）の音に漢字をあてただけのもので、漢字そのものに意味はありません。日本語では「総持《そうじ》」と訳されており、その意味内容につきましてはいくつかの説があるようですが、集約すれば「仏の説くところをよく記憶して忘れない」「悪法を遮《さえぎ》って善法を保つ」ということが主なものとなります。

そして、〈陀羅尼呪〉の「呪」は「呪い」ではなく「祈祷文」という意味です。

これらのことから、〈陀羅尼呪〉という言葉は、一般的に、「悪を遮り、善を守る力を持つ暗記されるべき祈祷文」と解釈され、〈真言〉〈神呪〉の同義語として用いられています。いうなれば、「覚えて呪することで悪法を退け、善法を守る力を授けてくれる祈祷文」が〈陀羅尼呪〉といわれるものなのです。

本文における陀羅尼呪の説明

さて、今、陀羅尼呪について、一般的な言葉の意味を押さえたところで、今度は、本文において説かれていることをたどってゆくことに致しましょう。ここで見ますのは、陀羅尼品が説かれるきっかけとなった薬王菩薩とお釈迦様との問答です。

『爾《そ》の時《とき》に藥王菩薩《やくおうぼさつ》、即《すなわ》ち座《ざ》より起《た》つて偏《ひとえ》に右《みぎ》の肩《かた》を袒《あらわ》にし、合掌《がっしょう》し佛《ほとけ》に向《むか》ひたてまつりて、佛《ほとけ》に白《もう》して言《もう》さく、

世尊《せそん》、若《も》し善男子《ぜんなんし》・善女人《ぜんにょにん》の能《よ》く法華經《ほけきょう》を受持《じゅじ》することあらん者《もの》、若《も》しは讀誦通利《どくじゅつうり》し若《も》しは經卷《きょうがん》を書寫《しょしゃ》せんに、幾所《いくばく》の福《ふく》をか得《え》ん。

佛《ほとけ》、藥王《やくおう》に告《つ》げたまはく、

若《も》し善男子《ぜんなんし》・善女人《ぜんにょにん》あつて、八百萬億那由佗恒河沙等《はっぴゃくまんおくなゆたごうがしゃとう》の諸佛《しょぶつ》を供養《くよう》せん。汝《なんじ》が意《こころ》に於《おい》て云何《いかん》、其《そ》の所得《しょとく》の福寧《ふくむし》ろ多《おお》しと為《せ》んや不《いな》や。甚《はなは》だ多《おお》し、世尊《せそん》。佛《ほとけ》の言《い》はく、若《も》し善男子《ぜんなんし》・善女人《ぜんにょにん》能《よ》く是《こ》の經《きょう》に於《おい》て、乃至一四句《ないしいっしく》偈《げ》を受持《じゅじ》し、讀誦《どくじゅ》し解義《げぎ》し説《せつ》の如《ごと》く修行《しゅぎょう》せん、功徳甚《くどくはなは》だ多《おお》し。』（563頁）

〔その時、薬王菩薩は座より立ち上がり、衣の右肩を脱ぎ、合掌しながらお釈迦様に申し上げました。

「お釈迦様、もし信仰深い男女が法華経の教えを信じて、よく記憶し、読誦して意味に精通し、その経巻を書写したと致しますと、いかほどの功徳を得るのでございましょう。」

お釈迦様は薬王菩薩に仰せになりました。

「もし信仰深い男女がガンジス河の砂の何千万億倍もの数の諸仏をご供養したとしますと、その人の得る功徳は多いと思いますか。それほどでもないと思いますか。」

「お釈迦様、当然のことながらそれは甚だ多いことでございましょう。」

するとお釈迦様は仰せになりました。

「もし信仰深い男女が、法華経の四句偈の一つでも信じて、よく記憶し、読誦し、意味を理解し、説かれているとおりに修行するならば、その功徳はさらに多いのです」」

このお釈迦様のお言葉で薬王菩薩が改めて悟ったのは、法華経で説かれている修行の価値高さです。前品までの流れを踏まえていえば、法華経で最も重んじられている伝法行の功徳の大きさを再確認し、薬王菩薩は心からの感動を覚えたのです。そのように心を動かされた薬王菩薩は、お釈迦様に次のように申し上げたのでありました。

『世尊《せそん》、我今當《われいままさ》に説法者《せっぽうしゃ》に陀羅尼呪《だらにしゅ》を與《あた》へて、以《もっ》て之《これ》を守護《しゅご》すべし。』

（564頁）

〔お釈迦様、私は今、法華経に説かれたとおりに伝法行に励む説法者に陀羅尼呪を与え、それによりその行者を守護したいと思います」

当然のことながら、この時、薬王菩薩の念頭にあったのは、この品の聞き手である九段目のレベルに達している本化菩薩でありました。修行の先駆者である薬王菩薩は、伝法には数々の苦難がつきまとい、行力の高い菩薩といえども楽に法を説けるわけではないことが身にしみてわかっていましたから、陀羅尼呪という祈祷文をもって、伝法行を行おうとする本化菩薩を守護しようとしたのです。

そして、それに続く薬王菩薩の言葉を追ってゆきますと、何故に陀羅尼呪にそのような守護力があるのかも見えてまいります。ヒントとなり

ますのは、

『世尊《せそん》、是《こ》の陀羅尼神呪《だらにじんしゅ》は六十二億《ろくじゅうにおく》恒河沙等《ごうがしゃとう》の諸佛《しょぶつ》の所説《しょせつ》なり。』（565頁）

〔お釈迦様、この陀羅尼神呪は、すべての仏様が説かれるものでございます〕

という一節です。

先の観世音菩薩普門品で「音」の重要性を学び、「音の響きが本仏の波動に近ければ近いほど神力は強く発現される」と見たところですが、この薬王菩薩の言葉で示されていますように、陀羅尼呪の響きは、仏様の法界の悟りそのものです。このことは、「仏様そのものが報身の言葉と文字に変化《へんげ》して立たれたものが陀羅尼呪」と表現されることもありますが、いずれにしましても、陀羅尼呪の響きは仏様の波動そのものであり、だからこそ力があるわけです。いわば、「理屈でない力そのもの」が陀羅尼呪というものなのです。

序品第一の解説で、法の伝え方には、

一、無量義・教菩薩法・仏所護念＝神通を使って絶対的な真実を伝える場合の説き方

と、

二、妙法蓮華・教菩薩法・仏所護念＝理屈・方便による伝え方の二種類があると見ましたが、理屈でないという点において、陀羅尼呪は〈無量義・教菩薩法・仏所護念〉に分類されるものといえます。すなわち、「五感を通さずに内からの悟りをもたらす力を具えている」ということです。

九段目に到っている菩薩が法を伝える際に陀羅尼呪を唱えますと、内なる世界の悟りと仏様の世界の悟りの共鳴が起こり、この内外の相乗効果により、天界からの法力による守護が得られます。つまり、陀羅尼呪は法力の呼び水のようなものなのです。

各陀羅尼呪の内容

陀羅尼呪についての総論的な理解をしたところで、今度は、陀羅尼品で説かれている各々の陀羅尼呪がどのような法力を持つものかを見てゆくことに致しましょう。ただし、この品で説かれている五つの陀羅尼呪は、九段目レベルに到った菩薩に個別に伝承されるものであるため、ここでは概要と用いられ方の一部に触れるにとどめることに致します。

まず、各々の陀羅尼呪の内容を知る前提として押さえておくべきは、五つの陀羅尼呪の関係性、すなわち、薬王菩薩神呪が五つの陀羅尼呪の主軸であるということです。専門的には〈本地《ほんじ》〉という言い方をし、「本地である薬王菩薩神呪は他の四つの神呪を内包している」、あるいは「本地である薬王菩薩神呪の補足が他の四つの神呪」とその相互関係を表すことができます。したがって、まずは薬王菩薩神呪をしっかり見ることで陀羅尼品に出てくる神呪全般の理解に努め、他の四神呪についてはその補足という位置づけでポイントに着目してゆくことに致します。

（一）薬王菩薩神呪

『安爾《あに》一曼爾《まに》二摩禰《まねい》三摩摩禰《ままねい》四旨隷《しれい》五遮棃第《しゃりてい》六賖咩《しゃみゃ》七賖履《しゃび》 多瑋《たい》八羶帝《せんてい》九目帝《もくてい》十目多《もくた》

履《び》十一沙履《しゃび》十二阿瑋沙履《あいしゃび》十三桑履《そうび》十四沙履《しゃび》十五叉裔《しゃえい》十六阿叉裔《あしゃえい》十七阿耆膩《あぎに》十八羶帝《せんてい》十九賒履《しゃび》二十陀羅尼《だらに》二十一阿盧伽婆娑《あろきゃばさい》 簸蔗毗叉膩《はしゃびしゃに》二十二禰毗剃《ねいびてい》二十三阿便哆邏禰履剃《あべんたらねいびてい》二十四阿亶哆波隷輸地《あたんだはれいしゅだい》二十五漚究隷《うくれい》二十六牟究隷《むくれい》二十七阿羅隷《あられい》二十八波羅隷《はられい》二十九首迦差《しゅぎゃし》三十阿《あ》三磨《ま》三履《び》三十一佛駄毗吉利《ぼっだびきり》袟帝《しってい》三十二達磨波利差帝《だるまはりしてい》三十三僧伽涅瞿沙禰《そうぎゃねくしゃねい》三十四婆舍婆舍輸地《ばしゃばしゃしゅだい》三十五曼哆邏《まんたら》三十六曼哆邏叉《まんたらしゃ》夜多《やた》三十七郵樓哆《うろた》三十八郵樓哆《うろた》 憍舍略《きょうしゃりゃ》三十九惡叉邏《あしゃら》四十惡叉冶多冶《あしゃやたや》四十一阿婆盧《あばろ》四十二阿摩若《あまにゃ》那多夜《なたや》四十三』（564頁）

先の解説で見ましたように、薬王行は菩薩行の見本である普賢行のポイントが浄行時代に合わせて説かれたもので、その要点は、三昧行と伝法行でありました。そのことと対応するように、薬王菩薩神呪は、普賢行の悟りが四十三の法界に分けて表されたものといわれており、意味的には、三昧行と伝法行の要点が含まれています。例えば、一番はじめの「安爾」という神呪は「びくっとするな」というような意味で三昧行の秘訣を示す内容となっております。

しかし、神呪の性質上注目すべきは言葉の意味内容よりも音の響きの方、つまり、この神呪の響きには、伝法を行う法師の三昧心を守り、伝法を助ける天界の法力を引き出す力があるということです。

この薬王菩薩神呪は、相手の成仏を願って法を伝える時に、多寶仏如来を念じながら唱えます。その結果として起こるのは、魂の救済という霊験あらたかな現象です。魂の救済を受けた人間は、それを心の変化として感じます。その心の変化とは、いまだかつて経験したことのないような、内から強く湧きあがる深く大きな感動・歓喜、そして随喜です。これが理屈ではない以心伝心という真の伝法です。薬王菩薩神呪はこのような形で伝法を守護してくれる、伝法者・受法者双方にとってありがたいものなのです。

この神呪は、法力の内容に加えて「薬王菩薩が説いた」ということ自体にも重要な意義があります。といいますのは、それにより薬王菩薩の任務法界が明らかにされているからです。

本化菩薩の見本としての薬王菩薩の位置づけは先に見たところですが、その薬王菩薩が陀羅尼呪を説いているということは、薬王菩薩が先輩・先導者として自分を目指す者を守護する任務を担う菩薩であることを意味しています。さらに一段踏み込んでいえば、「滅度後は薬王菩薩の力添えなくして修行の完成はない」ということでもあります。法の真の悟りは、外側の五感を通してではなく、内から伝承されるものであり、その真の伝法の鍵を握るのが薬王菩薩と薬王菩薩が説く神呪なのです。

先に見た各神呪の関係性より、薬王菩薩神呪に続く他の四つの陀羅尼呪もこの真の伝法を守護するものに他なりませんので、その基本を踏まえて、続く神呪を見てゆくことに致しましょう。

（二）勇施菩薩神呪

『痤《ざ》隷《れい》一摩《ま》訶《か》痤《ざ》隷《れい》二郁《うっ》枳《き》三目《もっ》枳《き》四阿《あ》隷《れい》五阿《あ》羅《ら》婆《は》第《てい》六涅《ね》隷《れい》第《てい》七涅《ね》隷《れい》多《た》婆《は》第《てい》八伊《い》緻《ち》柅《に》九韋《い》緻《ち》柅《に》十旨《し》緻《ち》柅《に》十一涅《ね》隷《れい》墀《ち》柅《に》十二涅《ね》犁《り》墀《ち》婆《は》底《ち》十三』（566頁）

勇施菩薩はこの神呪を説くにあたり、次のように述べております。

『世尊《せそん》、我亦《われまた》法華經《ほけきょう》を讀誦《どくじゅ》し受持《じゅじ》せん者《もの》を擁護《ようご》せんが爲《ため》に、陀羅尼《だらに》を説《と》かん。若《も》し此《こ》の法師《ほっし》、是《こ》の陀羅尼《だらに》を得《え》ば、若《も》しは夜叉《やしゃ》、若《も》しは羅刹《らせつ》、若《も》しは富單那《ふたんな》、若《も》しは吉蔗《きっしゃ》、若《も》しは鳩槃荼《くはんだ》、若《も》しは餓鬼等《がきとう》、其《そ》の短《たん》を伺《うかが》ひ求《もと》むとも能《よ》く便《たより》を得《う》ることなけん。』（566頁）

〔お釈迦様、私も法華経を読誦し、内容を深く悟り、お教えどおり伝法行に励む者を守護するために陀羅尼呪を説かせていただきます。もし（九段目に到っている）法師がこの陀羅尼呪を唱えたならば、夜叉・羅刹・富単那・吉蔗・鳩槃荼・餓鬼などがその法師の弱点を探しても、つけ入る隙を見出すことはできないでしょう」

ここでいう「短を伺ひ求む」ということは、説法を批判的に受け止めたり、歪曲して捉えたり、挙げ足を取ったり、説法者を陥れようとしたりすることです。具体的にいえば、嫉妬やライバル心を持って「言うことは立派かもしれないけど、実力は自分の方が優れている」と考える夜叉、自分が足りないことは棚に上げて伝法者の足りないところを強調しようとする羅刹、真剣に法を求めているわけでもなく物見遊山で話を聞きにくる鳩槃荼、自己中心的な現世利益だけを願う餓鬼などがいて、法を説く気力が失せてしまいそうな時に唱えると再びやる気が湧いてくるというのがこの勇施菩薩神呪の力です。

自己完成行の要である勇猛精進の「勇」、そして、他人救済法の核心を表す施波羅密の「施」をその名に持つ勇施菩薩の神呪は、まさに伝法時に勇気を与えてくれるものなのです。

(三)　毘沙門天神呪

『阿梨《あり》一那梨《なり》二㝹那梨《となり》三阿那盧《あなろ》四那履《なび》五拘那履《くなび》六』（567頁）

毘沙門天は帝釈天の配下にある四天王の一人で、北方を守護する役割があるといわれています。多聞天《たもんてん》という漢訳で呼ばれることもあり、戦の神様として知られておりますが、陀羅尼品においては次のように述べて神呪を説いています。

『世尊《せそん》、是《こ》の神呪《じんしゅ》を以《もっ》て法師《ほっし》を擁護《ようご》せん。我亦自《われまたみずか》ら當《まさ》に是《こ》の經《きょう》を持《たも》たん者《もの》を擁護《ようご》して、百由旬《ひゃくゆじゅん》の内《うち》に諸《もろもろ》の衰患《すいげん》なからしむべし。』（567頁）

〈お釈迦様、私もこの神呪により法を説く人を擁護致します。また、私自身もこの法華経に説かれたお教えどおりに伝法行に励む人を擁護して、身近に病等の障りが及ばないように致します」

人間の身体の不調は時として生霊・死霊・呪詛《じゅそ》などの霊的なもので引き起こされます。以前、勧持品第十三の解説において、「お釈迦様がご出家された当初、叔母である憍曇彌と妃であった耶輸陀羅は、お釈迦様がご修行をやめて元の生活にお戻りになることを願っており、その強い念が生霊となってお釈迦様の三昧を妨害した」と見ましたが、そのような類の生霊は三昧心を崩すのみならず、病や身体の不調を引き起こすことがあるのです。つまり、体調を崩すことで相手を縛り、修行や伝法の邪魔をしようとするわけです。

そのような妨害から身を守ってくれるのがこの毘沙門天神呪です。毘沙門天神呪は、いわゆる〈五段の邪気〉といわれる霊的なもので身体に危害を被りそうな時に唱える神呪なのです。

（四）持国天神呪

『阿《あ》伽《きゃ》禰《ねい》一伽《きゃ》禰《ねい》二瞿《く》利《り》三乾《けん》陀《だ》利《り》四旃《せん》陀《だ》利《り》五摩《ま》蹬《とう》耆《ぎ》六常《じょう》求《ぐ》利《り》七浮《ぶ》樓《ろ》莎《しゃ》柅《に》八頞《あっ》底《ち》九』

（568頁）

持国天も四天王の一人で東方の世界を守護するとされています。忿怒の形相で足下に邪鬼を踏みつけ、手には刀と宝珠を持った姿が有名で、その剣で外敵や人々の煩悩を切り、仏心を起こさせるといわれています。

そのような持国天が陀羅尼呪を説いた際に述べたのは、次のような言葉でありました。

『世尊《せそん》、是《こ》の陀羅尼神呪《だらにじんしゅ》は四十二億《しじゅうにおく》の諸佛《しょぶつ》の所説《しょせつ》なり。若《も》し此《こ》の法師《ほっし》を侵毀《しんき》することあらん者《もの》は、則《すなわ》ち為《こ》れ是《こ》の諸佛《しょぶつ》を侵毀《しんき》し已《おわ》れるなり。』（568頁）

〔お釈迦様、是の陀羅尼神呪は、無数の仏様方が説かれたものでございます。もし、この神呪を唱える法師に危害を加える者があれば、その者は無数の仏様方に危害を加えたことになるのです〕

「侵毀」とは、「不当な形で相手を傷つける」という意味を持つ言葉ですが、この文脈で表されていますのは、法師を貶《おとし》めようという悪意をもって法論を仕掛けたり、暴力をふるって危害を加えようとしたりする行為のことです。つまり、持国天神呪は、敵意をもって攻撃をされた時に唱える神呪ということです。

（五）十羅刹女神呪

『伊《い》提《でい》履《び》一伊《い》提《でい》泯《びん》二伊《い》提《でい》履《び》三阿《あ》提《でい》履《び》四伊《い》提《でい》履《び》五泥《でい》履《び》六泥《でい》履《び》七泥《でい》履《び》八泥《でい》履《び》九泥《でい》履《び》十樓《ろ》醯《けい》十一樓《ろ》醯《けい》十二樓《ろ》醯《けい》十三樓《ろ》醯《けい》十四多《た》醯《けい》十五多《た》醯《けい》十六多《た》醯《けい》十七兜《と》醯《けい》十八㝹《と》醯《けい》十九』（569頁）

この神呪は、十羅刹女、および、鬼子母らによって説かれた神呪です。

羅刹とは、苦難・災難をもたらす元凶である悪鬼で、経には十の羅刹女の名があげられていますが、この内、十番目の奪《だつ》一切《いっさい》衆生《しゅじょう》精気《しょうけ》がそれらの総称です。その総称でわかりますように、羅刹女には人の命を奪う力があります。また、鬼子母は今日〈鬼子母神〉として有名ですが、仏法に帰依する前は、人間の子供を捕まえては食べてしまう恐ろしい鬼でありました。

十羅刹女鬼子母神呪は、仏様と相対する立場にあるそれらの鬼神が法師を守護すると述べている、一見、不可思議な神呪であり、それ故、法華経が偽経といわれたこともあったようです。しかしながら、この常識的には矛盾のある内容にこそ法華経の醍醐味を見出すことができます。法華経の醍醐味、それは〈本因仏法〉が説かれていることです。

『今此《いまこ》の三界《さんがい》は　皆是《みなこ》れ我《わ》が有《う》なり　其《そ》の中《なか》の衆生《しゅじょう》は　悉《ことごと》く是《こ》れ吾《わ》が子《こ》なり』（163頁）

〔この三界はすべて本仏釈迦自らが創造したものである。そして、その中に存在する者は皆、私の子である〕

と説かれている本因仏法は、無量義経で示されている造因仏法理と重なるもので、無色界・色界・欲界の三界はすべて本仏であられるお釈迦様が創られたものであることを明らかにしたものです。これによれば、いわゆる「魔界」といわれる法界もお釈迦様のご意志により創造されたということになり、魔もお釈迦様に逆らう存在ではないということになります。まさに、「仏界の如も魔界の如も一如にして二如なし」（『無量義経之要諦』189頁）、すなわち、魔性も仏の法理に従って動いているのであり、十羅刹女らの鬼神が法師を守護する神呪を説いたとしても、それは法理に適ったことであるのです。

それでは、以上を踏まえて再び陀羅尼品の本文を見てみることに致しましょう。

本文にはこの神呪を説いた者として「藍婆《らんば》・毘藍婆《びらんば》・曲歯《こくし》・華歯《けし》・黒《こく》歯《し》・多髪《たほつ》・無厭足《むえんぞく》・持瓔珞《じようらく》・皐諦《こうたい》・奪一切衆生精気《だついっさいしゅじょうしょうけ》」という十の名があげられておりますが、実はこれらの十の羅刹名は如是十方観に対応しており、そうであるからこそ、「奪一切衆生精気」がその総称となっているわけです。すなわち、ここで示されていますのは、十次元的な仏様の観方で捉えた魔の法界のシステムです。その魔界のシステムは〈仏法〉に対して〈皐諦法《こうたいほう》〉と呼ばれていますが、皐諦法も仏法同様、本仏が創られたシステムに他なりません。

先にも述べましたように、魔性が仏の法理に従って動いているということは常識的には違和感があります。しかし、陀羅尼品の対象レベルの菩薩らには、皐諦法も仏法と同じ次元で理解することができます。なぜなら、彼らは首楞厳三昧により、魔界も含めた全法界を知見できるからです。九段目に達した菩薩にとって魔性はもはや対立する存在ではなく協力者となるのです。

さて、十羅刹女鬼子母神呪の使い方ですが、この神呪は今見たような奥深い法理をベースに持つ上、場合によっては、

『若《も》し我《わ》が呪《しゅ》に順《じゅん》ぜずして　説法者《せっぽうしゃ》を悩乱《のうらん》せば　頭割《こうべわ》れて七分《しちぶん》に作《な》ること　阿梨樹《ありじゅ》の枝《えだ》の如《ごと》くならん』（570頁）

〔もし私の陀羅尼呪に従わず説法者を悩ませれば、阿梨樹の枝のように頭がバラバラに割れるであろう〕

という結果がもたらされるものであるため、用い方には注意を要します。

無難な使い方を一つあげるとすれば〈結界法〉としての使用法です。三昧に入る前に、お釈迦様と多寶仏如来を念じて唱えると結界が組まれ、魔性に邪魔されることはないといわれていますので、個人の修行のためには大いに活用すべき陀羅尼呪といえるでしょう。

陀羅尼品から見える真理

以上、たどってきましたように、陀羅尼品は五つの陀羅尼呪が順に紹介されるというシンプルな形で構成されています。これらの陀羅尼呪は、菩薩や天人等によって説かれているものでありますが、実質的にはお釈迦様の契約が明かされたものとなっております。すなわち、「法師（＝九段目以上の実力を具えた本物の仏弟子）が各陀羅尼呪を唱えた時には、その陀羅尼呪の種類に応じた形で天界は守護をし伝法を助ける」という本仏自らが定められた約束が示されているということです。

このお釈迦様のご契約の土台となっていますのは、前品の解説で見た「本仏は祈りの言葉に応じて動かれる」という法理です。つまり、この法理の具体例が陀羅尼品で明かされた内容であったということです。

前品ではこの法理を示すものとして造因仏法理を取り上げたところですが、この造因仏法理が説かれている一節は、陀羅尼品においても鍵となる重要なものでありますので、ここでもう一度読み直してみることに致しましょう。

『能《よ》く一言《いちごん》を以《もっ》て普《あまね》く衆《もろもろ》の聲《こえ》に應《おう》じ、能《よ》く一身《いっしん》を以《もっ》て百千萬億那由佗《ひゃくせんまんおくなゆた》無量無數《むりょうむしゅ》恆河沙《ごうがしゃ》の身《み》を示《しめ》し、一一《いちいち》の身《み》の中《なか》に又若干百千萬億那由佗阿僧祇《またそこばくひゃくせんまんおくなゆたあそうぎ》恆河沙種種《ごうがしゃしゅじゅ》の類形《るいぎょう》を示《しめ》し、一一《いちいち》の形《かたち》の中《なか》に又若干百千萬億那由佗阿僧祇《またそこばくひゃくせんまんおくなゆたあそうぎ》恆河沙《ごうがしゃ》の形《かたち》を示《しめ》す。』（25頁）

〔はじまりは本仏の一言でした。本仏の一言とは音と光であり、その音と光は時間と空間、そして物を構成する物質を生み出しました。それら種々の物質から人間ができ、人間と同様に様々な種類の動物が出現し、山・

河・海などの自然も形作られてゆきました」

このように、造因仏法理について説かれた箇所をじっくりと読み直しつつ陀羅尼品の内容を重ねてみますと、人知を超える真実に驚愕するような思いが湧いてまいります。なぜなら、陀羅尼呪がここでいう本仏の「一言」を動かすものであるという真実が浮かび上がってくるからです。陀羅尼呪の「音」「響き」といわれるものは本仏の「一言」と同質のものです。そしてそれは先の一節の内容から現代でいうところの素粒子のような、ものの最小構成物のことと考えられます。しかもそれは物質のみならず、意識・心・魂と呼ばれているようなものにも共通する、基本的・根源的な構成単位であります。

そのような究極的構成単位を捉えられる人、すなわち「一言」を悟っている人にとって、世界は「一元的」なものでありましょう。「一元的」とは、自分も外の世界も「同質のもの」と感じられたり、自分も広大な宇宙の一部であると感じられたりすることです。一元的な世界観を持つに到った人にとっては、この世とあの世の区別もなくなります。

シンプルな構成に見える陀羅尼品の底辺には、この「一元的な世界観」という深く大きなテーマが流れています。ですから、陀羅尼品を悟ることとは、一元的な世界観を獲得することといえるのです。

このことは品の結語として次のように表されています。

『此《こ》の陀羅尼品《だらにほん》を説《と》きたまふ時《とき》、六萬八千人無生法忍《ろくまんはっせんにんむしょうほうにん》を得《え》たり。』（572頁）

〔この陀羅尼品が説かれた時、六万八千人が無生法忍という悟りを得ました〕

辞書的にいえば〈無生法〉とは「無生無滅、つまり生滅のない真実世界（＝如なる世界）のこと」であり〈忍〉は「認識する」ということですが、今見てきた流れを踏まえて〈無生法忍〉という悟りを表現すれば、「ものの根源を悟り、一元的なものの観方ができるようになること」となるでしょう。

ここまで「陀羅尼呪とは何か」というテーマを掲げて読み深めてまいりましたが、それにより明らかになりましたのは、「陀羅尼呪とは何かを追究することは深遠な宇宙の実体に分け入ることであり、最終的には一如の法理にたどり着く」という陀羅尼品の真の主題でありました。

陀羅尼呪は「一言」というものを啓示的に悟った者、すなわち一如の法理を体感できた者のみが使いこなせる力そのものです。ですから、陀羅尼呪を唱えた結果としての霊験あらたかな正法利益は、多寶仏如来によるの行力の証明であるということになります。多寶仏如来の証明を得ている本物の法師は、法界に満ちている「音」「声」「光」を観じています。
そして、内なる宇宙に響き渡る本仏のお言葉をはっきりと聞くのです。

言葉は軸法である。
仏界の如も魔界の如も一如にして二如なし。

深悟、深悟。

第八章

妙法蓮華経妙荘厳王本事品第二十七の解説

第八章　妙法蓮華《みょうほうれんげ》経《きょう》妙荘厳王《みょうしょうごんのう》本事品《ほんじほん》第二十七の解説《げせつ》

妙荘厳王本事品第二十七のあらすじ

『爾《そ》の時《とき》に佛《ほとけ》、諸《もろもろ》の大衆《たいしゅう》に告《つ》げたまはく、乃往古世《ないおうこせ》に、無量無邊不可思議阿僧祇劫《むりょうむへんふかしぎあそうぎこう》を過《す》ぎて、佛《ほとけ》いましき、雲雷《うんらい》音宿王華智《おんしゅくおうけち》・多陀阿伽度《ただあかど》・阿羅訶《あらか》・三藐三佛陀《さんみゃくさんぶつだ》と名《なづ》けたてまつる。國《くに》を光明荘嚴《こうみょうしょうごん》と名《なづ》け、劫《こう》を喜見《きけん》と名《なづ》く。彼《か》の佛《ほとけ》の法《ほう》の中《なか》に王《おう》あり、妙荘嚴《みょうしょうごん》と名《なづ》く。其《そ》の王《おう》の夫人《ぶにん》名《な》を淨徳《じょうとく》といふ。二子《にし》あり、一《いち》を淨藏《じょうぞう》と名《なづ》け二《に》を浄眼《じょうげん》と名《なづ》く。是《こ》の二子《にし》大神力《だいじんりき》・福徳《ふくとく》・智慧《ちえ》あつて、久《ひさ》しく菩薩所行《ぼさつしょぎょう》の道《どう》を修《しゅう》せり。所謂《いわゆる》檀波羅蜜《だんはらみつ》・尸羅波羅蜜《しらはらみつ》・羼提波羅蜜《せんだいはらみつ》・毘梨耶波羅蜜《びりやはらみつ》・禪《ぜん》波羅蜜《はらみつ》・般若波羅蜜《はんにゃはらみつ》・方便波羅蜜《ほうべんはらみつ》・慈《じ》・悲《ひ》・喜《き》・捨《しゃ》・乃至三十七品《ないしさんじゅうななほん》の助《じょ》道《どう》の法《ほう》、皆悉《みなことごと》く明了《みょうりょう》に通達《つうだつ》せり。又菩薩《またぼさつ》の浄三昧《じょうさんまい》・日星宿三昧《にっしょうしゅくさんまい》・浄光《じょうこう》三昧《さんまい》・浄色三昧《じょうしきさんまい》・浄照明三昧《じょうしょうみょうさんまい》・長荘厳三昧《ちょうしょうごんさんまい》・大威徳蔵三昧《だいいとくぞうさんまい》を得《え》、此《こ》の三昧《さんまい》に於《おい》て亦悉《またことごと》く通達《つうだつ》せり。』（573頁）

〔その時、お釈迦様は諸々の大衆に仰せになりました。

「はるか昔に、雲雷音宿王華智如来という仏様がおられました。その仏様の国の名は光明荘厳、時代の名は喜見でありました。その仏様の法が説かれている時代に、一人の王様がおりました。その名は妙荘厳といい、夫人の名は浄徳でありました。王と夫人の間には二人の子供がおり、一人は浄蔵、もう一人は浄眼といいました。この二人の子は大神通力を持ち、福徳と智慧を具え、長きに渡り菩薩行を修めてきました。彼らが修めたのは、「施波羅密」・「戒波羅密」・「忍波羅密」・「精進波羅密」・「定波羅密」・「慧波羅密」の六波羅密と人々を導く「方便波羅密」、「慈心」・「悲心」・「喜心」「捨心」の四無量心、そして三十七道品でありました。また、浄三昧・日星宿三昧・浄光三昧・浄色三昧・浄照明三昧・長荘厳三昧・大威徳蔵三昧といった菩薩位の証となる三昧を得て、それらの三昧に深く通達していました」

妙荘厳王本事品はこのお釈迦様のお言葉から展開されてゆきます。ここで述べられていますように、この品で語られるお話の主な登場人物は、妙荘厳王とその妃である浄徳、そして二人の子供である浄蔵と浄眼です。子供の浄蔵と浄眼は行を修めた優秀な菩薩でありました。その一方で、親である妙荘厳王と浄徳夫人はいまだ仏道にも入っていない状態であったため二人の子は両親を導こうと働きかけるのでありました。

『時《とき》に浄蔵《じょうぞう》・浄眼《じょうげん》の二子《にし》其《そ》の母《はは》の所《ところ》に到《いた》つて、十指《じゅっし》爪掌《しょうしょう》を合《あわ》せて白《もう》して言《もう》さく、

願《ねが》はくは母《はは》、雲雷音宿王華智佛《うんらいおんしゅくおうけちぶつ》の所《みもと》に往詣《おうけい》したまへ。我等亦當《われらまたまさ》に侍従《じじゅう》し親近《しんごん》し供養《くよう》し禮拜《らいはい》すべし。所以《ゆえ》は何《いか》ん、此《こ》の佛《ほとけ》一切《いっさい》の天人衆《てんにんしゅう》の中《なか》に於《お》いて、法華經《ほけきょう》を説《と》きたまふ、宜《よろ》しく聽受《ちょうじゅ》すべし。』（574頁）

〔（雲雷音宿王華智仏が法華経を説かれる時）浄蔵と浄眼は母親のところにゆき、合掌しながら「母上様、どうぞ雲雷音宿王華智仏の御許に参り、礼拝供養されてください。その仏様は一切の天人や人間の救済のために

ありがたい法華経を説いてくださりますから、この機会を逃さずにしっかりお聞きください。」と進言しました」

とありますように、二人はまず母親に法華経のお教えを学ぶことを強く勧めました。母親は二人の言葉を素直に受け入れますが、父親に関しては次のように案じるのでありました。

『汝《なんじ》が父《ちち》外道《げどう》を信受《しんじゅ》して、深《ふか》く婆羅門《ばらもん》の法《ほう》に著《じゃく》せり。』(575頁)

〔あなた方の父親は仏法以外の教えを信仰しバラモン教に深くとらわれています〕

『汝等《なんだち》當《まさ》に汝《なんじ》が父《ちち》を憂念《うねん》して為《ため》に神變《じんぺん》を現《げん》ずべし。若《も》し見《み》ることを得《え》ば

心《こころ》必《かなら》ず清浄《しょうじょう》ならん。或《あるい》は我等《われら》が佛所《ぶっしょ》に往至《おうし》することを聴《ゆる》されん。』（575頁）

〔あなた方がそこまでお父様を心配するのであれば、神通で奇跡を見せてあげなさい。そのような奇跡を見ればお父様の心も清浄になり、私たちが仏様の御許に参ることを許してくださるでしょう〕

そこで、二人の子は神通で奇跡的な現象を起こすことで父王の心を覚醒させようとしたのでありました。

『是《ここ》に二子《にし》其《そ》の父《ちち》を念《おも》ふが故《ゆえ》に、虚空《こくう》に踊在《ゆざい》すること高《たか》さ七多羅樹《しったらじゅ》にして、種々《しゅじゅ》の神變《じんぺん》を現《げん》ず。虚空《こくう》の中《なか》に於《お》いて行《ぎょう》・住《じゅう》・坐《ざ》・臥《が》し、身《み》の上《うえ》より水《みず》を出《いだ》し、身《み》の下《した》より火《ひ》を出《いだ》し、身《み》の下《した》より水《みず》を出《いだ》し、身《み》の上《うえ》より火《ひ》を出《いだ》し、或《あるい》は大身《だいしん》を現《げん》じて虚空《こくう》の中《なか》に滿《み》ち、而《しか》も復《また》小《しょう》を現《げん》じ、小《しょう》にして復《また》大《だい》を現《げん》じ、空中《くうちゅう》に於《お》いて滅《めっ》し、忽然《こつねん》として地《じ》に在《あ》り、地《じ》に入《い》ること水《みず》の如《ごと》く、水《みず》を履《ふ》むこと地《じ》の如《ごと》し。是《かく》の如《ごと》き等《ら》の種々《しゅじゅ》の神變《じんぺん》を現《げん》じて、其《そ》の父《ちち》の王《おう》をして心《こころ》浄《きよ》く信解《しんげ》せしむ。』（576頁）

〔二人の子は父のためを思い、空中高くに上昇し、様々な奇跡を現して見せました。空中で歩いたり、止まったり、座ったり、横になったりしたかと思えば、身体の上からは水を、下からは火を噴出させ、その反対に、下からは水を、上からは火を噴出させ、また、身体を空いっぱいになるほど大きくしたかと思えば見えなくなるほど小さくすることを何度も繰り返し、あるいは、空中で一瞬にして姿を消したかと思えば、次の瞬間には地上にいて、そうかと思えば、水にもぐるように地中に入り、また次の瞬間には大地を歩くように水の上を歩いて見せました。このような数々の奇跡的な現象を見せることで、父王の心を清浄にして、正法を信じる心を呼び起こそうとしたのです」

この方法は功を奏し、父王に次のような変化をもたらしたのでした。

『時《とき》に父《ちち》、子《こ》の神力《じんりき》是《かく》の如《ごと》くなるを見《み》て、心《こころ》大《おお》いに歡喜《かんき》し未曾有《みぞう》なることを得《え》、合掌《がっしょう》して子《こ》に向《むか》つて言《い》はく、
汝等《なんだち》が師《し》は爲《さだ》めて是《こ》れ誰《だれ》ぞ、誰《だれ》の弟子《でし》ぞ。
二子《にし》白《もう》して言《もう》さく、大王《だいおう》、彼《か》の雲雷音宿王華智佛《うんらいおんしゅくおうけちぶつ》、今《いま》七寶菩提樹下《しっぽうぼだいじゅげ》の法座《ほうざ》の上《うえ》に在《まし》まして坐《ざ》したまへり。一切世間《いっさいせけん》の天人衆《てんにんしゅう》の中《なか》に於《おい》て、廣《ひろ》く法《ほ》華經《けきょう》を説《と》きたまふ。是《こ》れ我等《われら》が師《し》なり、我《われ》は是《こ》れ弟子《でし》なり。
父《ちち》、子《こ》に語《かた》つて言《い》はく、
我今亦汝等《われいままたなんだち》が師《し》を見《み》たてまつらんと欲《ほっ》す、共倶《とも》に往《ゆ》く可《べ》し。』（576頁）
〔父王は子どもたちの神力を目の当たりにして大いに歓喜し、功徳大な

ることを悟り、合掌して尋ねました。

「そなたたちの師は誰なのだ。誰の弟子となって修行をして、そのようなことを身につけたのだ。」

二人の子は、「今、七寶の菩提樹の下の法座に坐しておられる雲雷音宿王華智仏様でございます。その仏様はこの世界のすべての天人や人間に広く法華経を説いておられます。その仏様が私どもの師であります。私どもはその仏様の弟子でございます。」と答えました。

すると父は子に向かって言いました。

「私もそなたたちの師にぜひともお目にかかりたいので共に参ることに

する」」

このように述べた妙荘厳王は夫人らと共に雲雷音宿王華智仏の下に参り、帰依したのでありました。そして、教えを熱心に学んだ王は、ついに、授記作仏を頂戴したのでした。

物語で描かれている荘厳仏国土の様子

あらすじを見たところで、今度は、物語で表されている内容がいかなるものであるかを考えてゆくことに致します。まずは、登場人物について、品の次の部分を押さえることから理解を深めてまいりましょう。

『佛《ほとけ》、大衆《たいしゅう》に告《つ》げたまはく、
意《こころ》に於《お》いて云何《いかん》、妙荘嚴王《みょうしょうごんのう》は豈《あ》に異人《ことひと》ならんや、今《いま》の華徳菩薩是《けとくぼさつこ》れなり。其《そ》の淨徳夫人《じょうとくぶにん》は今《いま》の佛前《ほとけさき》に光《ひかり》をもつて照《てら》したまふ荘嚴相《しょうごんそう》の菩薩是《ぼさつこ》れなり。妙荘嚴王及《みょうしょうごんのうおよ》び諸《もろもろ》の眷屬《けんぞく》を哀愍《あいみん》せんが故《ゆえ》に、彼《か》の中《なか》に於《お》いて生《しょう》ぜり。其《そ》の二《に》子《し》は今《いま》の藥王菩薩《やくおうぼさつ》・藥上菩薩是《やくじょうぼさつこ》れなり。』（585頁）
〔お釈迦様は参集の一同に向かって仰せになりました。
「あなた方はどのように思いますか。この妙荘厳王こそが今の華徳菩薩なのです。また、浄徳夫人は今、私の前で光輝く、荘厳相を具えた菩薩です。そして、妙荘厳王とその一族を憐れむ心をもって生まれてきた二

人の子は、薬王菩薩と薬上菩薩なのです」〕

文脈から明らかなように、この引用部の華徳菩薩および荘厳相の菩薩は本化菩薩を表しています。そして、薬王菩薩と薬上菩薩は、いわゆる「天下組」の菩薩です。「天下組の菩薩」というのは、実際は〈如来型〉の生まれ変わりであるものの、肉体を持っているという一点で「菩薩」と称されているタイプの菩薩です。

『此《こ》の二子《にし》は是《こ》れ我《わ》が善知識《ぜんちしき》なり。宿世《しゅくせ》の善根《ぜんこん》を發起《ほっき》して、我《われ》を饒益《にょうやく》せんと欲《ほっ》するを爲《もっ》ての故《ゆえ》に、我《わ》が家《いえ》に來生《らいしょう》せり。』（583頁）

〔この二人の子は正しき法を教えてくれる導師であります。過去世に積んだ功徳をもって、私に正法の利益をもたらそうと、我が王家に出生してきたのでございましょう〕

という妙荘厳王の言葉でも表されておりますように、薬王菩薩と薬上菩薩は法師品で説かれているところの〈法師〉であります。すなわち、

『是《こ》の諸人等《しょにんら》は已《すで》に曾《かつ》て十萬億《じゅうまんおく》の佛《ほとけ》を供養《くよう》し、諸佛《しょぶつ》の所《みもと》に於《おい》て大願《だいがん》を成《じょう》就《じゅ》して、衆生《しゅじょう》を愍《あわれ》むが故《ゆえ》に此《こ》の人間《にんげん》に生《しょう》ずるなり。』（306頁）

〔過去世にたくさんの仏様の下で修行を重ねて最正覚を得ており、自身は修行のために人間に生まれる必要はないにもかかわらず、いまだ悟り

を得られずに迷っている衆生を憐れんで、その迷える霊魂を救うために人間界に生まれてきたのが〈法師〉なのです」と説かれているタイプの人間です。

それでは、今見た登場人物が誰であるかという前提を踏まえた上で、物語に描かれている荘厳仏国土の様子を考えてみることに致しましょう。

まず、妙荘厳王と本化菩薩が「王」と表されていることからわかりますように、安立行時代は衣食住という生活そのものに困ることはない時代です。

また、安立行時代の人間がすべて菩薩以上であることはこれまで再三見てきたところですが、物語の内容から、その内訳が、「最終的な行を許された本化菩薩」と「天下組の菩薩」であることがわかります。

そして、救済法は、妙荘厳王の導かれ方が代表的な例となります。すなわち、神変（＝奇跡）という神通力の証明を目の当たりにすることで仏と法への帰依に導かれるという方法です。いわゆる、〈無量義・教菩薩法・仏所護念〉という救済法で、本化菩薩はストレートに心で法を受け、時間を浪費することなく霊性を高めることができるのです。

妙荘厳王の子が薬上・薬王菩薩であったように、安立行時代は如来型の菩薩が子供として生まれてきます。いわば、血縁＝法縁になっているということで、それは、煩悩がかなり浄化されていることを意味します。

如来型の菩薩が子供として生まれて来るということは必ず救済されるということです。なぜなら、かつてお釈迦様が乳母であった憍曇弥を親子の情愛を軸に救済されたように、如来型の子は必ず親を救うからです。その誓願を立てて人間として生まれてきているのが如来型の菩薩だからです。

以上のように、如来型の菩薩が神通力を用いて親である本化菩薩を救うことが安立行時代の最大の特徴です。

妙荘厳王本事品は妙法蓮華経の完結編

今見ましたように、妙荘厳王本事品では本化菩薩が最終的にどのように救済されるかが明かされているわけですが、ここに至るまでにお釈迦様が説かれた一連のご説法の元をたどれば、序品においてお釈迦様が示された瑞相の意味が理解できなかった弥勒菩薩の質問が発端でありました。そして、従地涌出品第十五の解説で見ましたように、その理解に乏しかった弥勒菩薩は本化菩薩の象徴的な存在であると同時に、安立行時代に生まれ出ることができる霊魂の最低レベルを示す存在であります。ですから、妙荘厳王と浄徳夫人の救済のされ方は、出来の悪い本化菩薩の象徴としての弥勒菩薩の最終的な救済のされ方といえ、この意味で、妙荘厳王本事品は序品から始まった妙法蓮華経の完結編といえるわけです。

しかしながら、弥勒菩薩はあくまでも本化菩薩の象徴的存在を演じているだけであり、実際は出来の悪い本化菩薩ではありません。弥勒菩薩を本化菩薩の象徴と捉えれば、「弥勒菩薩は安立行時代において救われて成仏を果たす」ということになりますが、真実は「弥勒菩薩が仏として来する時代が安立行時代」であります。従地涌出品で見ましたように、安立行大菩薩は阿弥陀仏如来を内蔵した形で出現しますが、実はこの阿弥陀仏如来こそが弥勒菩薩の成仏名です。つまり、もともと仏様であった阿弥陀様が出来の悪い弥勒菩薩を演じられていたということなのです。

従地涌出品では、阿弥陀仏の西方極楽浄土が荘厳仏国土であることにも触れましたが、そこで少し見た浄土三部経に描かれた極楽浄土の様相を踏まえて今回の妙荘厳王本事品を読み込みますと荘厳仏国土の様子がより具体的にイメージできますし、同時に、法理的な理解も深まることでしょう。

妙荘厳王本事品から逆算した浄行時代

以上、安立行時代について、概要を把握したところで、その前段階である浄行時代がいかなる時代であるかを改めて振り返ってみることに致しましょう。

いうまでもなく、浄行時代はお釈迦様が〈四弘誓願法〉として説かれた荘厳仏国土を四期で段階的に完成させる計画の三段階目の時代で、「裁きの時代」と呼ばれる時代です。そしてその浄行時代の特異性を浮かび上がらせるキーワードとして法華経に出てきていたのは〈最後身〉という言葉でした。「最後身」が意味するところは、いわゆる「輪廻転生」は浄行時代で終わり、以降の安立行時代に人間として生まれてこられるのは菩薩位に達した霊魂のみということでありましたが、これは、妙荘厳王本事品に描かれている荘厳仏国土の状況から逆算することでより明らかになることであります。

理解を深めるために、この浄行時代から安立行時代への時代の流れを、譬喩品第三の解説で用いた図（『妙法蓮華経之要諦一』138頁）を再度見ながら確認してみることに致しましょう。図はお釈迦様の世界観を便宜的に示した〈法界概念図〉ですが、この図の人間界の部分で表されていますように、浄行時代の人間は、仏性住・法性住・魔性住の三種類に分けられます。化城喩品第七の解説（『妙法蓮華経之要諦二』246頁）において記しましたように、仏性住の人間とは菩薩道に入った状態の人間のこと、魔性住の人間とは魔道に

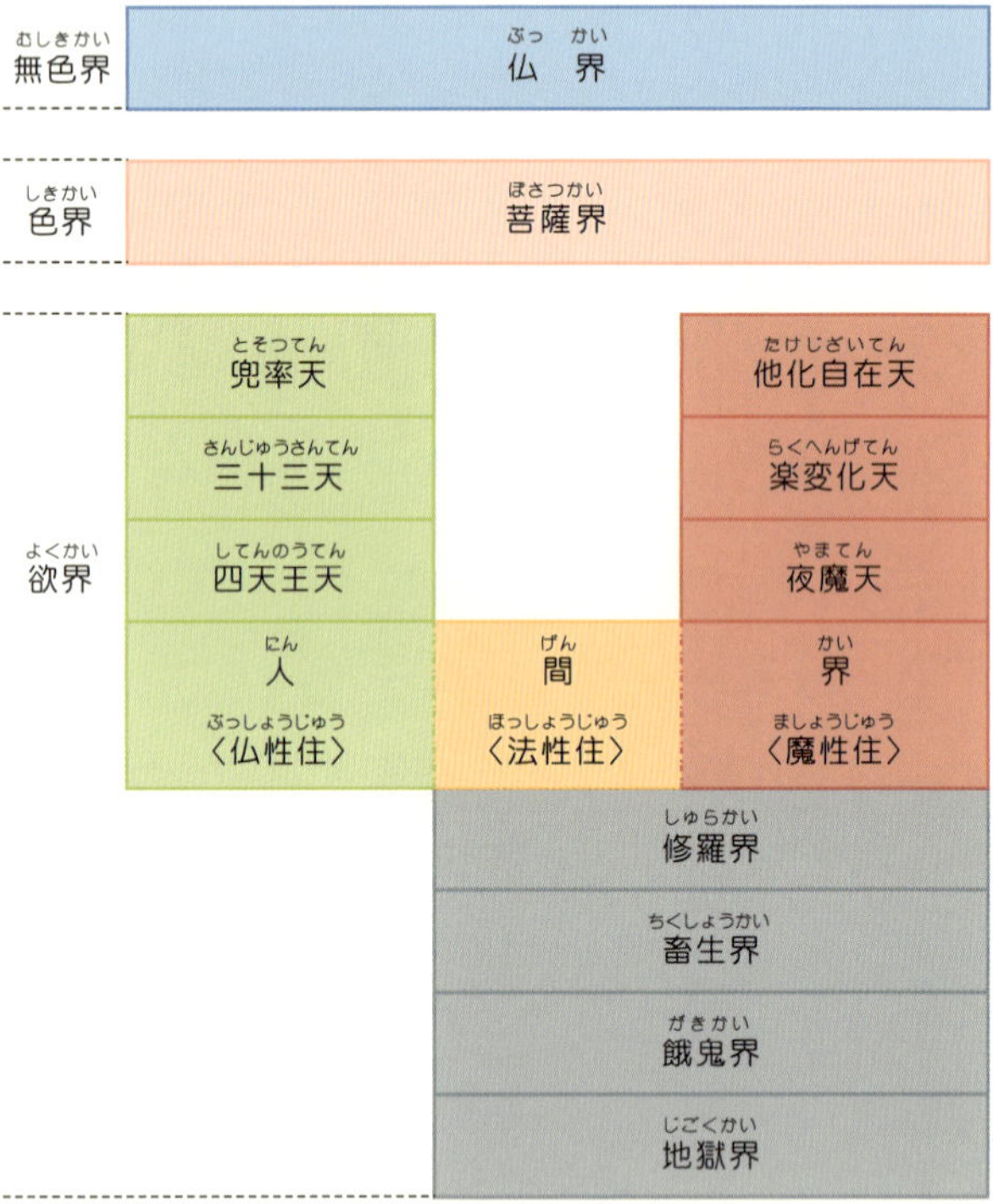
無色界《むしきかい》
仏《ぶっ》　界《かい》
色界《しきかい》
菩薩界《ぼさつかい》
欲界《よくかい》
兜率天《とそつてん》
三十三天《さんじゅうさんてん》
四天王天《してんのうてん》
他化自在天《たけじざいてん》
楽変化天《らくへんげてん》
夜魔天《やまてん》
人《にん》
間《げん》
界《かい》
〈仏性住《ぶっしょうじゅう》〉
〈法性住《ほっしょうじゅう》〉
〈魔性住《ましょうじゅう》〉
修羅界《しゅらかい》
畜生界《ちくしょうかい》
餓鬼界《がきかい》
地獄界《じごくかい》

図27－1　法界概念図

入った状態の人間のこと、そのどちらでもなく、どちらにも入る可能性のある人間が法性住の人間です。

「裁きの時代」といわれる浄行時代においては、霊魂が仏性住か魔性住かがはっきり決せられます。すなわち、法性住の霊魂がいなくなるということで、図でいえば、中央の法性住の世界がなくなるということです。このことは、「色界に上がる霊魂と欲界にとどまる霊魂との間に線引きがなされる」という表し方もできます。浄行時代末期には、色界に入る霊魂と、色界に入れずに欲界に置き去りになる霊魂の二種類に分かれるのです。

欲界は安立行時代に入って五、六十年後にはなくなるといわれています。その意味するところは、そこに所属する霊魂は欲界の終焉と共に消滅する運命にあるということです。

それでは、この時代の流れにともなう法界の変遷を念頭において、今一度、浄行時代がどのような時代なのかを考えてみることに致しましょう。「裁きの時代」といわれる浄行時代は、「菩薩か否かが問われる時代」ともいえます。

そして、その菩薩位にあるか否かの判断基準が「お釈迦様を信じて疑わない境地であるかどうか」にあることは、従地涌出品で弥勒菩薩が体現したところです。つまり、浄行時代は一言でいえば「信仰心が試される時代」なのです。信仰が試される時代であるからこそ浄行時代は不浄が蔓延する悪世である必要があるのです。なぜなら、煩悩が流されやすい不浄な環境下であればこそ、信仰の有無や信仰の真偽が明白になるからです。例えば、心をないがしろにしても生活に困らない世界、あるいは悪事を働いたほうが物質的に豊かな暮らしができるような社会に身を置いた時に人間の真性は白日の下にさらされます。煩悩の欲望に流されるか、あるいは仏様のお教えに従うかで信心の強さ、すなわち、菩薩レベルに達しているかどうかが決せられるのです。

さて、今見た基準ですべての霊魂が結審を受けるのが浄行時代ということですから、浄行時代においては人口の増加が予想されます。事実、統計データによりますと、二百五十年ほど前から世界の人口は爆発的に増加しているようです。お釈迦様の予告どおり、ありとあらゆる霊魂が、長きに渡る輪廻転生の結果が試されるために人身を得て、地上に出てきているということでしょう。

ただし、四弘誓願法というご計画から考えますと、この人口増加はある時点で頭打ちになることが予想されます。全霊魂の裁きが済む頃には、人口は激減し、時代は浄行時代から安立行時代に切り替わってゆくのでしょう。

以上のような時代の流れと法界の変遷を踏まえますと、法華経においては「一切衆生救済」ではなく「抜済《ばっさい》」という言葉が各所で使われていた意味が改めて深く理解できます。「制限時間内に菩薩位に上がれず欲界に取り残された霊魂はその世界もろとも消滅してしまう」という背筋の寒くなるような厳しい真実が明かされているのが法華経なのです。

人生は修行場

人間はどこから来てどこへ向かってゆくのだろう
人間はなんのために生まれてくるのだろう
老いて、病み、やがては死ななければならない宿命にあるのはどうしてなのだろう
人生は、嫌な人と出会い、愛する者とは別れなければならず、求めても得られないことばかり
そんな人生を、人間はいかに生きるべきなのだろう

動物とは異なる高い知能を授かった人間は、誰しも哲学的な問いを心の奥底に抱いて生きています。

お釈迦様は法華経を通して教えてくださりました。

「人生は荘厳仏国土に生まれ変わるための修行場なのだ。修行に励んで菩薩位に達しなければ、人間として生まれてきた意味はないぞ。」

人種・国籍・性別が何であろうと、いかなる境遇に生まれ落ちようと、社会的に成功しようがしまいが、突きつけられている課題はただ一つ、心が、魂が菩薩位に上がれるか否かということです。魂が救済されるためにいかに生きるか、人生はそれだけが問われているのです。

最後に、この解説の結びとして、ある高僧の遺されたお言葉を引用させて頂きます。人生とは何かを深く悟られ、その強い信念の下、お釈迦様と共に熱く、かつ風のように颯爽と人生を駆け抜けられた大法師は仰せになりました。

五種法師行を行い、
戒律を守り、
風の空中にあって障礙《しょうげ》なきが如く、
苦に遭えども憂えず、喜風にも動ぜずの境地で、
お釈迦様を信じて、
飄々と淡々と、
あるがままに、
風鈴を鳴らす風になる他ないではないか。

合掌

第九章

妙法蓮華経普賢菩薩勧発品第二十八の解説

第九章　妙《みょう》法《ほう》蓮《れん》華《げ》経《きょう》普《ふ》賢《げん》菩《ぼ》薩《さつ》勧《かん》発《ぱつ》品《ぽん》第二十八の解《げ》説《せつ》

勧発品は妙法蓮華経の総論

前品の妙荘厳王本事品は、本化菩薩が最終的にどのように救済されるかが明かされているという意味で妙法蓮華経の完結編であると見ましたが、続くこの普賢菩薩勧発品は、妙法蓮華経の総論と位置づけられています。それは、これまでの品で説かれてきた、本化菩薩が縁を得て成仏を目指して仏道を歩んでゆく一連の過程が総合的に説かれていることによります。ただし、説かれている修行の過程は仏様側からの視点によるものであり、法界的な描写が中心となっております。

成仏へ近づくということは、法界的にはどのようなことなのでしょうか。文字に変化《へんげ》された仏様の内面に広がる深遠な世界を探求する旅に出かけることに致しましょう。

聞き手は普賢菩薩

『爾《そ》の時《とき》に普賢菩薩《ふげんぼさつ》、自在神通力《じざいじんつうりき》・威徳名聞《いとくみょうもん》を以《もっ》て、大菩薩《だいぼさつ》の無量無邊不可稱數《むりょうむへんふかしょうしゅ》なると東方《とうほう》より來《きた》る。』（587頁）

〔お釈迦様が、本化菩薩が最終的にどのように救済されるかを明かされたその時のことです。人々を救済する自在の神力を持ち、威徳と徳高さを具えた普賢菩薩が、数えきれないほど多くの大菩薩らと共に、東方世界から現れました〕

という一節から始まる普賢菩薩勧発品は、終始、お釈迦様と普賢菩薩の問答のみで展開されています。

普賢菩薩は非常に有名な菩薩ですが、意外にも妙法蓮華経ではこれが初めての登場です。普賢菩薩は、お釈迦様の菩薩位、すなわち、お釈迦様の菩薩たりし時の姿といわれていますから、この品は、お釈迦様がご自身と対話しているともいえる不思議な品です。提婆達多品第十二の解説（『妙法蓮華経之要諦二』66頁）において、「お釈迦様が身をもって示された法華経の根幹を成す修行法が〈普賢行〉と呼ばれている」と記しましたが、その背景には、お釈迦様と普賢菩薩のこの関係がありました。いうなれば、お釈迦様の説かれた修行法を体現するために存在しているのが普賢菩薩ということです。

ですから、普賢菩薩が聞き手であるということだけで、修行の根幹に関わる内容が説かれている品ということがすぐさま理解できるわけです。

仏道に縁のある本化菩薩とは

お釈迦様の下に参った普賢菩薩が真っ先に口にしたのは次の問いでありました。

『唯願《ただねが》はくは世尊《せそん》、當《まさ》に爲《ため》に之《これ》を説《と》きたまふべし。若《も》し善男子《ぜんなんし》・善女人《ぜんにょにん》、如來《にょらい》の滅後《めつご》に於《おい》て云何《いかん》してか能《よ》く是《こ》の法華經《ほけきょう》を得《え》ん。』（588頁）

〔お釈迦様、お教え頂けますでしょうか。滅度後にこの法華経に説かれたお教えにご縁のある本化菩薩とはどのような人々で、どのようにして成仏に向かうのでしょうか〕

この普賢菩薩の問いは、これまでのご説法を熱心に聴受してきた者の心に自然に湧き上がる最終的な疑問といえるものです。妙法蓮華経は、滅度後の本化菩薩のために説かれており、前品では救済の結末が説かれたわけですが、そもそも本化菩薩がどのような菩薩なのかについてはいまだ明かされておりません。修行の要である伝法行を行うからには、法を伝えるべき人や各々のレベルを見分けられる必要がありますから、「縁のある本化菩薩とは?」「その救済のプロセスは?」という問いが湧くのは当然のことでありましょう。

この質問に対してのお釈迦様のお答えは、次のようなものでございました。

『若《も》し善男子《ぜんなんし》・善女人《ぜんにょにん》、四法《しほう》を成就《じょうじゅ》せば如來《にょらい》の滅後《めつご》に於《おい》て當《まさ》に是《こ》の法華《ほけ》經《きょう》を得《う》べし。一《いち》には諸佛《しょぶつ》に護念《ごねん》せらるゝことを爲《え》、二《に》には諸《もろもろ》の徳本《とくほん》を植《う》ゑ、三《さん》には正定聚《しょうじょうじゅ》に入《い》り、四《し》には一切衆生《いっさいしゅじょう》を救《すく》ふの心《こころ》を發《おこ》せるなり。善男《ぜんなん》子《し》・善女人《ぜんにょにん》、是《かく》の如《ごと》く四法《しほう》を成就《じょうじゅ》せば如來《にょらい》の滅後《めつご》に於《おい》て必《かなら》ず是《こ》の經《きょう》を得《え》ん。』（588頁）

〔滅度後の本化菩薩は次の四条件により見分けることができます。

第一は、諸仏に護念されること。

第二は、もろもろの徳本を植えること。

第三は、正しい教えが説かれるところに入ること。

第四は、一切衆生を救おうという心を発すこと。

これら四法を成就すれば、本化菩薩は私の滅度後においても必ず成仏することができるのです」

この部分はいわゆる密法で、文字面を追うだけでは真意を理解できない表現となっておりますが、実は、ここでの「四法」とは四種の仏様を示しています。したがって、「四法成就」という形で表されていることは「四種の仏様との出会い」ということになります。

この文脈で「仏道」を定義するならば、それは「四種の仏様との出会いがある道」といえるでしょう。つまり、本化菩薩とは、この仏道に入っている人であり、成仏を目指して修行をするということは四種の仏様すべてとの出会いを求めて仏道を歩んでゆくことなのです。

四種の仏様とは

先の引用部で秘密裏に明かされている四種の仏様とは、〈守護仏〉〈時代仏〉〈本尊仏〉〈法性仏〉のことであります。これらの仏様については、既に学んでいるところですが、妙法蓮華経の総括も兼ねて、再度確認しておくことに致しましょう。

（二）守護仏　―諸仏に護念せらる丶ことを為―

『一《いち》には諸佛《しょぶつ》に護念《ごねん》せらる丶ことを爲《え》』（588頁）

と示されている第一の仏様は〈三世の諸仏〉です。化城喩品第七の解説で学びましたように、諸仏は本仏の分身で、本仏へ至るまでの通過点という役割を担っています。すなわち、本化菩薩が迷うことなく本仏にたどり着けるように救済の道を開いているのが諸仏です。この導き手としての任務により、ここで諸仏は〈守護仏〉と称されています。

この守護仏のお導きを頂ける要因は二種類あるといわれています。その第一は、「本人の直接の信仰の功徳」であり、第二は「先祖の信仰の功徳」です。本人もしくは先祖の誰かが何らかの形で仏縁を持ち、功徳を積んでいることで、本化菩薩は守護仏とのご縁を頂戴でき、最終的には本仏までお導き頂くことが叶うのです。

（二）時代仏　―諸の徳本を植え―

『二《に》には諸《もろもろ》の徳本《とくほん》を植《う》ゑ』（588頁）

という一節で暗に示されていますのは〈時代仏〉です。時代仏は、従地涌出品で登場してきた、上行・無辺行・浄行・安立行の四大菩薩のことです。

ここで「時代仏との出会いが成仏に欠かせない」と説かれていますのは、「時代に即した行をなし、時代仏の救済の法印を受けなければ成仏できない」という法理が存在するからです。例えば、浄行菩薩には「ミクロ的な微小な悪をも許さない悲心を現じ、次の安立行時代に生まれ出ることができるか否かの法印を打ち込む」という任務がありますので、浄行時代においては、心の浄化行の成就が必須となります。浄行時代に、上行時代や無辺行時代の行でとどまっているのでは間に合わず、成仏は永遠に果たせなくなってしまうのです。

（三）本尊仏　―正定聚に入り―

『三《さん》には正定聚《しょうじょうじゅ》に入《い》り』（588頁）

と記されている中の〈正定聚〉とは正しきところ、つまり、釈迦正法の説かれる場所のことです。正法の説かれる場所につきましては、法師品で、

一、多寶仏塔供養法理に基づいて正しくお釈迦様をお迎えしている。

二、滅度後のお釈迦様の代理者とされる法師が在する。

三、滅度後に必要なお釈迦様の本懐経である法華経を説いている。

という三条件が揃っているところ、と見ましたが、中でも、大前提となりますのが、お釈迦様を本尊としているということです。なぜなら、譬喩品でお釈迦様自らが『唯我一人《ただわれいちにん》のみ　能《よ》く救護《くご》を為《な》す』（163頁）と宣言された〈本因仏法〉という大法理があるからです。

提婆達多品第十二の解説で、「お釈迦様を本仏と悟り、帰依し、本仏に対して直接の懺悔を行うことがお釈迦様の説かれた修行法の根幹をなす」と見ましたように、「本仏との直接の信仰契約」が成仏にはなくてはならない条件なのです。

（四）法性仏　―一切衆生を救ふの心を発せる―

『一切衆生《いっさいしゅじょう》を救《すく》ふの心《こころ》』（588頁）とは、いうなれば、一切衆生救済を願う弥勒菩薩のような慈悲心のことで、法性仏の存在を示唆しています。化城喩品第七の解説で触れましたように、法性仏とは、仏性、すなわち、仏の種であります。種のないところに芽は出ないように、仏性のないところに成仏という華は咲きませんから、法性仏の存在は絶対に欠かせない条件となっているのです。

本化菩薩の特徴

今見ましたのが、勧発品で〈四法〉と表されている成仏に欠かせない四種類の仏様でありますが、はじめから四法が揃っているケースはまずなく、本化菩薩は修行という仏道の歩みにより、順々に仏様との出会いを果たしてゆくことになります。すなわち、四法のうちの一法でも成就しているのが、仏道に入っている本化菩薩ということになります。

この仏道に入っている本化菩薩には、人間目に見てもわかるある特徴がございます。それは、発菩提心《ほつぼだいしん》を持っているということです。発菩提心というのは、いわゆる〈四門出遊〉のエピソードで伝えられている、お釈迦様のご出家のきっかけとなった、疑問・憂い・決心のお気持ちです。
お釈迦様はご出家前に次のようなご体験をされたといわれています。

それは、お釈迦様が釈迦族の太子として何不自由なくお暮らしだった時のことでした。ある時、太子は侍者をつれて東の門から馬車でお散歩にお出かけになりました。途中、髪は白く、体は衰え、杖を使って歩く人が目に入り、太子は馭者に「あれは何か?」と尋ねられました。「老人」と知った太子は「私もあの者のようになるのであろうか?」と問われます。
そして、「生ある者は、貴きも賤しきも、皆、この苦しみを免れることはできません」という答えを聞くと、太子は、園に遊ぶ思いも消え、直ちに、馬車を王宮に帰らせたのでありました。

次の時、太子は南の門から城を出られましたが、道の途中で、骨もあらわに痩せた男が、汗を流しながら、苦しそうに息をしてもがいているのをご覧になりました。「私もあのように病むことがあるのか…」と憂えた太子は、直ちに王宮に引き返されたのでありました。

後日、太子が西の門から城を出られた際には、葬儀の列とすれ違いました。悲しみ嘆く一行を見ながら「生ある者は必ず死ななければなりません」と聞かされた太子は、またも王宮に戻られました。

そして、北の門から城を出られた際には、髪や髭を剃り落とし、手に鉢を持って威厳高く歩み行く出家者と出会いました。太子は馬車を下りて、礼をなし「出家にはどのような利益がありますか？」と尋ねられました。出家者は「私は、人間の老・病・死の無常を見て解脱しようと思い、親族と離れて、閑かなところで道を修めております。正しい法によって五官を整え、大慈悲をもって人々を護り、世間の穢れに染まらないのが出家の利益です。」と答えました。これを聞かれて太子は「世にこれに勝るものはない、私も家を出て道を学ばなければならない」と、固く決意したのでありました。

発菩提心とは、「苦とは何か?」「人間はなぜ生まれ、なぜ苦しみだらけの人生を歩まなければならないのか?」「そのような人生を、人間はいかに生きるべきなのだろうか?」「人間とは、どこから来て、どこへ向かってゆく存在なのだろうか?」、というような、根源的で哲学的な悩みや疑問が湧く心、および、その思いそのもののことです。したがって、このような悩みや疑問を意識的・無意識的に抱きながら生き方を模索している人は、たとえ仏様に手を合わせることをしていなくとも、既に仏道に入っている本化菩薩であるのです。

四種の仏様と出会う具体的方法

いうまでもなく、四種の仏様と出会うために本化菩薩がなすべきは、お釈迦様が身をもって示された普賢行を修めることです。普賢行は、そのポイントを薬王行・妙音行・観音行として学んだように、三昧行（浄化という自己完成行）と伝法行（教えを伝えることによる他人救済行）が、二軸です。そして、それは、一言でいうと、「上求菩提　下化衆生」ということであります。「上求菩提　下化衆生」については、無量義経十功徳品でも触れたところですが、お釈迦様の説かれる行法は一貫しておりますから、当然、この品で説かれている四法成就の条件としてもあげられるわけです。
しかしながら、普賢菩薩勧発品においては同じ内容が別の形で表現されております。
すなわち、
『世尊《せそん》、後《のち》の五百歳濁悪世《ごひゃくさいじょくあくせ》の中《なか》に於《おい》て、其《そ》れ是《こ》の經典《きょうでん》を受持《じゅじ》することあらん者《もの》は…』（589頁）
『是《こ》の人《ひと》若《も》しは行《い》き若《も》しは立《た》つて此《こ》の經《きょう》を讀誦《どくじゅ》せば…』（589頁）
というように、〈五種法師行〉として表されているのです。
五種法師行とは、法華経修行者が修めるべき五つの行で、これまで、経の随所で繰り返し説かれておりました。おさらいのために、法師功徳品の一節を見てみましょう。

『若《も》し善男子《ぜんなんし》・善女人《ぜんにょにん》是《こ》の法華經《ほけきょう》を受持《じゅじ》し、若《も》しは讀《よ》み若《も》しは誦《じゅ》し、若《も》しは解説《げせつ》し若《も》しは書寫《しょしゃ》せん。是《こ》の人《ひと》は當《まさ》に八百《はっぴゃく》の眼《まなこ》の功徳《くどく》・千二百《せんにひゃく》の耳《みみ》の功徳《くどく》・八百《はっぴゃく》の鼻《はな》の功徳《くどく》・千二百《せんにひゃく》の舌《した》の功徳《くどく》・八百《はっぴゃく》の身《み》の功徳《くどく》・千二百《せんにひゃく》の意《こころ》の功徳《くどく》を得《う》べし。是《こ》の功徳《くどく》を以《もっ》て六根《ろっこん》を莊嚴《しょうごん》して皆《みな》清淨《しょうじょう》ならしめん。』（463頁）

〔若し修行者が法華経の教えを強く信じて心に保ち続け（受持）、経典を深く読み込み（読）、暗誦し（誦）、他の人に説き伝え（解説）、書き写

すならば（書写）、眼・耳・鼻・舌・身・意の六根が清浄になるという功徳が得られるであろう〕

この一節からも、お釈迦様が一貫して説かれている「修行」がいかなるものであるかが深く響いてまいります。「自ら学び、心をきれいにしながら、その中で得たものを他者に伝えてゆく」この一連のプロセスこそが、お釈迦様が最も重要視された仏道修行（＝普賢行）であり、四法を成就する唯一無二の方法なのです。

普賢行の功徳（一）　―四法を成就するとは―

では次に、この普賢行を修めることで得られる結果、すなわち「四法を成就する」ことについて、本文でどのように説かれているのかをじっくり見てまいりましょう。

先に、「五種法師行が説かれている」として引用したのと同じ箇所に、その行果についても諸々説かれているのですが、要点は次の一節に集約して見ることができます。

『爾《そ》の時《とき》に法《ほ》華《け》經《きょう》を受持《じゅじ》し讀誦《どくじゅ》せん者《もの》、我《わ》が身《み》を見《み》ることを得《え》て、甚《はなは》だ大《おおい》に歓喜《かんき》して轉《うた》た復精進《またしょうじん》せん。我《われ》を見《み》るを以《もっ》ての故《ゆえ》に即《すなわ》ち三昧及《さんまいおよ》び陀羅《だら》

尼《に》を得《え》ん。』（590頁）

〔法華経に縁があり、受持・読誦をはじめとした五種法師行を行った者は、我が普賢菩薩の姿を見ることができるでしょう。私と出会った者は大いに歓喜して、なお一層の精進を重ねます。それにより、行者は三昧と陀羅尼を得るのです〕

ここで「普賢菩薩の姿を見る」という形で表現されているのは「普賢菩薩と同じ結果が得られる」ということです。そして、その普賢菩薩と同じ結果の具体的な内容が「三昧と陀羅尼を得ること」と説かれているわけです。

それでは、この「三昧と陀羅尼を得る」ということがどのようなことかといえば、それも既に学んだところですので、ここでおさらいをしておくことに致しましょう。

まず、三昧については妙音菩薩品で詳しく見たところですが、重要なポイントとして、次の三点を再度押えておくことに致しましょう。

一、三昧力とは、存在するものの究極の姿である波動（音）の動きをキャッチして、その波動が持つ情報を五感で捉えられる形（色身）として認識できる力のこと、すなわち、法界を知見できる力のことである。

二、三昧の妙用は、法界知見により一如の法理が悟れることである。

三、三昧の土台である三昧心とは大清浄心。大清浄心とはお釈迦様と完全に同調している心の状態をいう。

そして、陀羅尼については、主に陀羅尼品で追究致しましたが、そこから煎じ詰めますと「陀羅尼を得る」ということは、「仏様の世界との共鳴が起こり、一如の法理を体感できる」ということになります。すなわち、根本的には三昧を得ることと同様の内容ということです。

つまり、『三昧及び陀羅尼を得ん。』《さんまいおよ　だらに　え》という一節で表されている行果は、

「仏様の世界との共鳴」「一如の法理の悟り」「法界知見」というものです。そして、これらが勧発品では〈四法成就〉という新たな表現で説かれているということです。したがって、当然のことながら、行果としての〈四法成就〉は、内容的に新しいものではありません。すなわち、冒頭、「仏様側からの視点で捉えた修行の過程が説かれているのが勧発品」と記しましたとおり、これまで、様々な方便《てだて》によって示されてきた成仏への道程が、「四種の仏様と出会うこと」という形で、成仏に関与する仏様との関係性で表されているということです。

以上のように、総論である勧発品は、「既に知っていることがどのように表現されているか」という視点を持つことで、格段に解釈が易しくなります。続く部分もその視点をもってさらに読み解いてまいりましょう。

普賢行の功徳（二）　―普賢菩薩神呪―

今見た、「普賢行を修めた結果として得られる陀羅尼」は、普賢菩薩によって与えられるものとして、次のように説かれています。

『世尊《せそん》、若《も》し後《のち》の世《よ》の後《のち》の五百歳濁悪世《ごひゃくさいじょくあくせ》の中《なか》に、比丘《びく》・比丘尼《びくに》・優婆《うば》塞《そく》・優婆夷《うばい》の求索《ぐしゃく》せん者《もの》、受持《じゅじ》せん者《もの》、讀誦《どくじゅ》せん者《もの》、書寫《しょしゃ》せん者《もの》、是《こ》の法華經《ほけきょう》を修習《しゅうしゅう》せんと欲《ほっ》せば、三七日《さんしちにち》の中《なか》に於《おい》て一心《いっしん》に精進《しょうじん》すべし。三七《さんしち》日《にち》を満《まん》じ已《おわ》らんに、我當《われまさ》に六牙《ろくげ》の白象《びゃくぞう》に乘《の》つて、無量《むりょう》の菩薩《ぼさつ》の而《しか》も自《みずか》ら囲遶《いにょう》せると、一切衆生《いっさいしゅじょう》の見《み》んと憙《ねが》ふ所《ところ》の身《み》を以《もっ》て其《そ》の人《ひと》の前《まえ》に現《げん》じて、爲《ため》に法《ほう》を説《と》いて示教利喜《じきょうりき》すべし。亦復其《またまたそ》れに陀羅尼呪《だらにしゅ》を與《あた》へん。』（591頁）

〔お釈迦様、もしお釈迦様が滅度されて二千五百年後、浄行時代の濁悪世において、五種法師行を行って法華経の教えを修めようと思う者は、かつてお釈迦様が菩提樹の下で二十一日間、如是十方観によって法界を知見されたように、三昧行を修める必要があります。行者が三昧行を成満したならば、私は、六牙の白象に乗り、無量の菩薩に囲まれながら、一切衆生が見たいと願うような荘厳な姿で現れて、その者のために法を説いて、信仰の利益をもたらしましょう。また、その者に陀羅尼呪も与えましょう」

普賢菩薩のこの言葉に続いて説かれていますのが、次の普賢菩薩神呪です。

『阿《あ》檀《たん》地《だい》一檀《たん》陀《だ》婆《は》地《だい》二檀《たん》陀《だ》婆《は》帝《てい》三檀《たん》陀《だ》鳩《く》賒《しゃ》隷《れい》四檀《たん》陀《だ》脩《しゅ》陀《だ》隷《れい》五脩《しゅ》陀《だ》隷《れい》六脩《しゅ》陀《だ》羅《ら》婆《は》底《ち》七佛《ぼっ》駄《だ》波《は》羶《せん》禰《ねい》八薩《さる》婆《ば》陀《だ》羅《ら》尼《に》・阿《あ》婆《ば》多《た》尼《に》九薩《さる》婆《ば》婆《ば》沙《しゃ》・阿《あ》婆《ば》多《た》尼《に》十脩《しゅ》阿《あ》婆《ば》多《た》尼《に》十一

僧伽婆履叉尼《そうぎゃはびしゃに》十二僧伽涅伽陀尼《そうぎゃねっきゃだに》十三阿僧祇《あそうぎ》十四僧伽波伽地《そうぎゃはぎゃだい》十五帝隷阿惰《ていれいあだ》・僧伽兜略《そうぎゃとりゃ》阿羅帝《あらてい》・波羅帝《はらてい》十六薩婆僧伽《さるばそうぎゃ》・三摩地《さんまじ》・伽蘭地《ぎゃらんだい》十七薩婆達磨《さるばだるま》・脩波利刹帝《しゅはりせってい》十八薩婆薩埵樓駄《さるばさったろだ》・憍舎略《きょうしゃりゃ》・阿㝹伽地《あとぎゃだい》十九辛阿毘吉利地帝《しんなびきりだいてい》二十』（592頁）

正確な訳は残っていないものの、この神呪は三十七道品の悟りを表した「力」そのものと伝えられています。三十七道品は「修道とはいかにあるべきか」が説かれたものであり、その内容は、既刊、『無量義経之要諦』徳行品第一の解説中に記したところです。そして、その構成はといいますと、

一、四念処（四波羅密）
二、四正勤（精進法）
三、四如意足（三昧の為の修道法）
四、五根（能力）
五、五力（修道力）
六、七覚支（智慧）
七、八正道

の七科目中、第一の四念処が主行で、他の六科は助行という関係性にあります。言い換えれば、三十七道品は四念処に集約されるということですから、三十七道品の悟りを表している普賢菩薩神呪の意味やその持つ力も四念処に集約されるということになります。

四念処につきましては、随喜功徳品第十八の解説において深く考えたところですが、大きく捉えれば常寂光土、すなわち、本仏の世界に立ったこの世の観方《みかた》を説いたものです。つまり、四念処で説かれているのと同じようにこの煩悩世界が観えたならば、その人は仏界に入っているということになるわけです。

普賢菩薩神呪を与えられるということは、段階はあるにせよ、仏界に入り、お釈迦様と同じように世界が観えるようになるということ、別の言い方をすれば、法界知見が得られるということです。そしてこの仏界に入ることが、勧発品でいうところの「四種の仏様との出会いを果たす」ということです。

では、勧発品の文脈において仏界に入るということは何を意味するのでしょうか。それは、四法を見分けられるようになるということに他なりません。四法を見分けられるということは、仏道に縁のある本化菩薩を見分けられるということであり、ひいては、四法を成就させるべく、本化菩薩を導くことができるということです。

このように見てきますと、結局のところ、ここで説かれていますのも、

「上求菩提　下化衆生」という修行のシステムであることがわかるでしょう。これまで学んできた修行の要点が、普賢行という総論的な形でまとめられているのが普賢菩薩勧発品なのです。

修行は、「上求菩提　下化衆生」あるいは「自己完成行＋他人救済行」以外ありません。法界的には「自らの四法を成就すること＋縁のある本化菩薩を見つけ出して四法を成就させること」、それが、修行なのです。

種まきの人間であることを自覚せよ

普賢菩薩勧発品は、お釈迦様がご自身の菩薩位である普賢菩薩と対話することで展開されているため、お釈迦様の自誓願が表明された品といわれています。つまり、お釈迦様が仰せになったことはもちろん、普賢菩薩が述べられたことも、本仏であるお釈迦様が「このようにする」と定められた原理・原則・絶対的なシステムであるということです。

『若《も》し受持《じゅじ》し讀誦《どくじゅ》し正憶念《しょうおくねん》し、其《そ》の義趣《ぎしゅ》を解《げ》し説《せつ》の如《ごと》く修行《しゅぎょう》することあらん、當《まさ》に知《し》るべし、是《こ》の人は普賢《ふげん》の行《ぎょう》を行《ぎょう》ずるなり。無量無邊《むりょうむへん》の諸佛《しょぶつ》の所《みもと》に於《おい》て、深《ふか》く善根《ぜんこん》を植《う》ゑたるなり。諸《もろもろ》の如來《にょらい》の手《みて》をもつて、其《そ》の頭《こうべ》を摩《な》でたまふを爲《え》ん。』（593頁）

『若《も》し人《ひと》あつて受持《じゅじ》し讀誦《どくじゅ》し其《そ》の義趣《ぎしゅ》を解《げ》せん。是《こ》の人命終《ひとみょうじゅう》せば、千《せん》

佛《ぶつ》の手《みて》を授《さず》けて、恐怖《くふ》せず悪趣《あくしゅ》に墮《お》ちざらしめたまふことを爲《え》、即《すなわ》ち兜《と》率天上《そつてんじょう》の彌勒菩薩《みろくぼさつ》の所《もと》に往《ゆ》かん。』（594頁）

『普賢《ふげん》、若《も》し是《こ》の法華經《ほけきょう》を受持《じゅじ》し讀誦《どくじゅ》し正憶念《しょうおくねん》し修習《しゅうしゅう》し書寫《しょしゃ》することあらん者《もの》は、當《まさ》に知《し》るべし、是《こ》の人《ひと》は則《すなわ》ち釋迦牟尼佛《しゃかむにぶつ》を見《み》るなり、（中略）當《まさ》に知《し》るべし、是《こ》の人《ひと》は釋迦牟尼佛《しゃかむにぶつ》の手《みて》をもつて、其《そ》の頭《こうべ》を摩《ま》するを爲《え》ん。當《まさ》に知《し》るべし、是《こ》の人《ひと》は釋迦牟尼佛《しゃかむにぶつ》の衣《ころも》に覆《おお》はるることを爲《え》ん。』（595頁）

という形で、何度も説かれていますように、「五種法師行（＝普賢行）を修めれば必ず成仏できる」ということは、本仏自らが定められた絶対的なシステムなのです。

繰り返しになりますが、ここで五種法師行として説かれている普賢行は、自らの四法成就を目指しながら他者の四法成就の手伝い・手助けをするという行法です。他の四法成就の手助けをすることが自らの四法成就につながるという言い方もできるこの修行法は、人間の営みに本質的意味を持たせるものでありましょう。人間がこの世で生きる中で行う活動が、意義あるもの、価値あるものであるためには、土台に普賢行があることが不可欠であります。逆にいえば、人間同士の関わりの中に、お釈迦様の正しきお教えのバトンリレーがなければ、どのようなことであっても、無意味・無価値・無功徳なのです。

例えば、結婚して子孫を残すこと。夫婦は教え合い、学び合い、得たものを子や孫に伝えてゆければ、それは普賢行になるでしょう。

また、友情を育むということ。互いが人生で学んだ大切なことを分かち合い、時には「正しきは何か」と共に悩み、悪しきことがあれば諫め諭すことが普賢行的な本物の友情の育みでありましょう。単に同じ趣味や食事、ショッピングを楽しむだけの間柄に本物の友情は存在しません。

職場の同僚・上司・先輩・後輩との人間関係も同様です。磨き合い、高め合えればこそ、共に働く意義が生まれてくるのです。

一見なんでもないような毎日の小さな出来事においても、見識を広げ、お釈迦様の説かれる「正義」を追究し、実践し、自らを高め、他にも影響を及ぼすこと、それが社会の浄化・荘厳仏国土への変化につながるのです。

人間の日々の営みにおいて、仏弟子はいかにあるべきなのでしょうか。

お釈迦様は仰せになります。

種まきの人間であることを自覚せよ。

深悟。

第十章

仏説観普賢菩薩行法経の解説

第十章　仏説観普賢菩薩行法経《ぶっせつかんふげんぼさつぎょうほうきょう》の解説《げせつ》

本化菩薩のなすべき行法が明かされた法華経の結経

『是《かく》の如《ごと》きを我《われ》聞《き》き、。一時《いちじ》、佛《ほとけ》、毗舎離國《びしゃりこく》・大林精舎《だいりんしょうじゃ》・重閣講堂《じゅうかくこうどう》に在《まし》まして、諸《もろもろ》の比丘《びく》に告《つ》げたまはく、却《かえ》つて後三月《のちみつき》あつて、我當《われまさ》に般涅槃《はつねはん》すべし。』（600頁）

〔私は確かにこのようにお聞きしています。お釈迦様は毗舎離国の大林精舎内の重閣講堂において、弟子たちに向かって「私はあと三ヶ月後に涅槃するであろう」と仰せになりました」

この冒頭の一節にありますように、仏説観普賢菩薩行法経は、お釈迦様が涅槃される三ヶ月前に説かれたお経です。お話のきっかけは、お釈迦様が涅槃されることを聞かされた阿難・摩訶迦葉・弥勒菩薩からの次の問いでありました。

『世尊《せそん》、如來《にょらい》の滅後《めつご》に云何《いかん》してか衆生《しゅじょう》、菩薩《ぼさつ》の心《こころ》を起《おこ》し、大乘方等經《だいじょうほうどうきょう》典《でん》を修行《しゅぎょう》し、正念《しょうねん》に一實《いちじつ》の境界《きょうがい》を思惟《しゆい》せん。』（601頁）

〔お釈迦様、お釈迦様が滅度された後、衆生が菩薩心を起こし、お釈迦様のご本願が説かれた大乗経典を理解して、そのお教えどおりに行を修め、一心に仏様の境界に近づいてゆくにはどのようにすればよろしいのでしょうか〕

この問いを受けて、お釈迦様は次のようにご説法を始められたのであります。

『諦《あきら》かに聴《き》け、諦《あきら》かに聴《き》け、善《よ》く之《これ》を思念《しねん》せよ。如來昔耆闍崛山及《にょらいむかしぎしゃくせんおよ》び餘《よ》の住處《じゅうしょ》に於《お》いて、已《すで》に廣《ひろ》く一實《いちじつ》の道《どう》を分別《ふんべつ》せしかども、今此《いまこ》の處《ところ》に於《お》いて、未來世《みらいせ》の諸《もろもろ》の衆生等《しゅじょうとう》の大乘無上《だいじょうむじょう》の法《ほう》を行《ぎょう》ぜんと欲《ほっ》せん者《もの》、普賢《ふげん》の行《ぎょう》を學《がく》し普賢《ふげん》の行《ぎょう》を行《ぎょう》ぜんと欲《ほっ》せん者《もの》の爲《ため》に、我今當《われいまま》さに其《そ》の所念《しょねん》の法《ほう》を説《と》くべし。』（601頁）

〔それでは、今からそのことについてお話しますから、しっかり聴いた上で、よく考え、理解するのですよ。私はこれまでにも、耆闍崛山やその他のところで、人間が仏に成るための方法を様々に説いてきましたが、今、ここで改めて、未来世の衆生で、法華経に説かれたこの上なき大乗の教えを修行したいと願う者、すなわち、普賢菩薩の行法を学び修めたいと願う者のために、私が成就した〈心行〉について説き明かすことに致しましょう」

ここでお釈迦様が「未来世の衆生で、法華経に説かれたこの上なき大乗の教えを修行したいと願う者、すなわち、普賢菩薩の行法を学び修めたいと願う者のために、私が成就した〈心行〉について説き明かすことに致しましょう」と述べられていること、そして、本経の聞き手の一人が弥勒菩薩であることから明らかなように、説かれているのは本化菩薩が修めるべき行法です。この行法は〈普賢行〉とも呼ばれ、内容は、お釈迦様が身をもって示された、成仏を果たすための実践的手段・方法です。

先に説かれた普賢菩薩勧発品では、本化菩薩が仏道を歩み成仏へ向かう過程が総論的に明かされていたのに対して、観普賢菩薩行法経では、その仏道の歩みを進めるために最終的に何をしてゆけばよいかが説かれておりますので、内容的には観発品の流れを受けたものといえます。妙法蓮華経の序品での瑞相に始まり、未来世の予告や様々な法理が長きに渡り明かされた上で「実践としては具体的に何をどう行じればよいか」が明かされているのがこの経であり、この意味で、観普賢菩薩行法経は法華経の〈結経〉といわれています。

観普賢菩薩行法経には、これまで各所で示されてきた修行のポイントがすべて集約され、一まとまりの行法として説かれています。学んだことを立体的・有機的に繋ぎ合わせながら、自らの実践に結びつけるという姿勢で読み進んでまいりましょう。

普賢行＝三昧を修めて如是十方観を会得すること

お釈迦様は、先のお言葉に続けて、普賢行のご解説を始められました。

『阿難《あなん》、若《も》し比丘《びく》・比丘尼《びくに》・優婆塞《うばそく》・優婆夷《うばい》・天《てん》・龍《りゅう》・八部《はちぶ》・一切衆《いっさいしゅ》生《じょう》の大乗《だいじょう》を誦《じゅ》せん者《もの》、大乗《だいじょう》を修《しゅう》せん者《もの》、大乗《だいじょう》の意《こころ》を發《ほっ》せん者《もの》、普賢菩薩《ふげんぼさつ》の色身《しきしん》を見《み》んと樂《ねが》はん者《もの》、多寶佛《たほうぶつ》の塔《とう》を見《み》たてまつらんと樂《ねが》はん者《もの》、釋《しゃ》

迦《か》牟《む》尼《に》佛《ぶつ》及《およ》び分身《ふんじん》の諸佛《しょぶつ》を見《み》たてまつらんと樂《ねが》はん者《もの》、六根清淨《ろっこんしょうじょう》を得《え》んと樂《ねが》はん者《もの》は當《まさ》に是《こ》の觀《かん》を學《がく》すべし。』（602頁）

〔阿難よ、出家の修行者であれ、在家の修行者であれ、人間以外の天人や龍神などの八部衆であれ、あらゆる衆生の中で、本仏であるお釈迦様のご計画が説かれた大乗の教えを学び修めようとする者、大乗心に目覚めて自らもお釈迦様のお手伝いをしたいと願う者、普賢菩薩と同じ結果を得たいと望む者、修行の証明として多寶仏の塔を知見したいと願う者、仏様と同じ境界に上りたいと願う者、六根が清浄になることを願う者は、この観を学す必要があります〕

このお釈迦様のお言葉にありますように、〈普賢行〉として説かれるお釈迦様のなされた行は、一言でいえば「観を学す」ことです。ここでいう〈観〉とは〈如是十方観〉のことで、お釈迦様が菩提樹下で三昧を修めることで悟られた法理のことです。つまり、「最終的に如是十方観を会得・修得することを目標に三昧行を修めるのが修行である」とお釈迦様は改めて明確に述べられているのです。

十如是法とは

「如是十方観」とは「十如是法に基づいたものの観方」です。「十如是法」については方便品において既に見たところではありますが、お釈迦様の悟りの中核を成す極めて重要な法理ですので、さらに丁寧に読み込み、理解を深めてまいりましょう。

十如是法については方便品において、次のように説かれております。

『佛《ほとけ》の成就《じょうじゅ》したまへる所《ところ》は、第一希有難解《だいいちけうなんげ》の法《ほう》なり。唯佛《ただほとけ》と佛《ほとけ》と乃《いま》し能《よ》く諸法《しょほう》の實相《じっそう》を究盡《くじん》したまへり。所謂諸法《いわゆるしょほう》の如是相《にょぜそう》・如是性《にょぜしょう》・如是體《にょぜたい》・如是力《にょぜりき》・如是作《にょぜさ》・如是因《にょぜいん》・如是縁《にょぜえん》・如是果《にょぜか》・如是報《にょぜほう》・如是本末究竟等《にょぜほんまつくきょうとう》なり。』

（87頁）

〔釈迦仏が究めたものは、他に類を見ない根源的で難解な法理である。それは、本仏と諸仏のみが理解できるものである。つまり、仏のみがこの世の実相、すなわち真実の相《すがた》を究め尽くしているということである。その法理を言葉で表現することはできないが、敢えて言い表すと次のように言えるだろう。

この世の一切の物事は、相・性・体・力・作・因・縁・果・報という要素と作用が関係し合うことで成り立っている。そこには、はじめとおわり、原因と結果といった法則に基づいた関連性がある。それらの関連は相互に絡み合っていて単純ではないが、その複雑な因果関係を瞬時に捉えられるのが如是十方観という仏のものの観方なのである」

引用部にある「諸法の実相」とは、すべての存在・現象のありのままの姿という意味です。お釈迦様は、ありとあらゆるものや現象が、ある様式で存在していることを発見されたのです。その様式は、「一切のものは原因があって生じる」という〈因果律〉でありますが、その要素となるのが、相・性・体・力・作・因・縁・果・報の十如是であります。つまり、お釈迦様は、それらの要素の関連性・法則性を究め尽くされたということです。お言葉にもありますように、その法理は難解で、仏様のみが悟りによって知り得るものであり、言葉で説明することは到底できませんが、少しでも理解に近づくために、先の十如是法についての一節をもう一段深く掘り下げて読んでみることに致しましょう。

「あらゆる存在には姿形があります（如是相）。
その姿形ある存在には性質があります（如是性）。
姿形があり、性質を具えた存在には主体・本体があります（如是体）。
その主体には能力・エネルギーが具わっており（如是力）、

内外に向かって様々な働きかけをします（如是作）。
その働きかけが原因となって（如是因）、
周囲の環境や条件という間接的要素に触れることで（如是縁）、
結果が生じます（如是果）。
やがて、その結果による報い・報われを受けることになります（如是報）。
その報い・報われは、相・性・体・力に現れるという形で循環しています。

このような延々と続く因果律が複雑に絡み合う関係性の中で、あらゆる存在や現象が成立しているのがこの世界です。逆にいえば、この世で十如是という様式にあてはまらないものはないのです（本末究竟等）。私は菩提樹下での三昧中に、その深く複雑な関連性を端的に捉えられる力を得たのです。」

お釈迦様が説いてくださったお教えの中で重要なものの一つとして「輪廻転生の法則」がありますが、この輪廻転生の法則も、十如是法という因果律によって人間の魂の生まれ変わり・境界の変化を捉えたものです。私たち人間も「諸法」の一つであり、十如是的にいえば、次のような様式の中で存在しているのです。

人間には顔形や背格好という容姿がある（如是相）。

相のある人間には必ず性格・性分といった性質がある（如是性）。

相と性から成り立つ心身の全体が人間の主体であり（如是体）、
その主体には能力が具わっている（如是力）。

人間はその能力をもって様々な働きかけをし、作用を及ぼす（如是作）。

相・性を具えたその人間が特有の能力をもってなんらかの行動を起こすこと、それが一切の原因となる（如是因）。

その原因が、機会や条件という縁に触れることで（如是縁）、その人自身にもたらされる結果が境界の変化である（如是果）。結果の影響は、次に生まれ変わった時の相・性・体・力に出る。すなわち、人間の姿形・性質・能力は、過去世の報い・報われの現れなのである（如是報）。

十如是の各要素の関係性は図Aのように示されることがあります。

これは、「如是作」が十如是の軸となっていることを視覚的に表したものです。お釈迦様のお言葉として細かには経に明示されておりませんが、お釈迦様は、「作」によって「因」「縁」「果」「報」が変わり、そこに続く「相」「性」「体」にも影響が表れることに気づかれました。人間でいえば、心を根本とした言葉・行動という「作」をよい方向に修正することで、来世「相」「性」「体」に恵まれて苦が軽減されるのはもちろんのこと、現世での利益もあること、さらには、迷い多く苦しい輪廻の縛りから解脱して無色界に生まれること、すなわち成

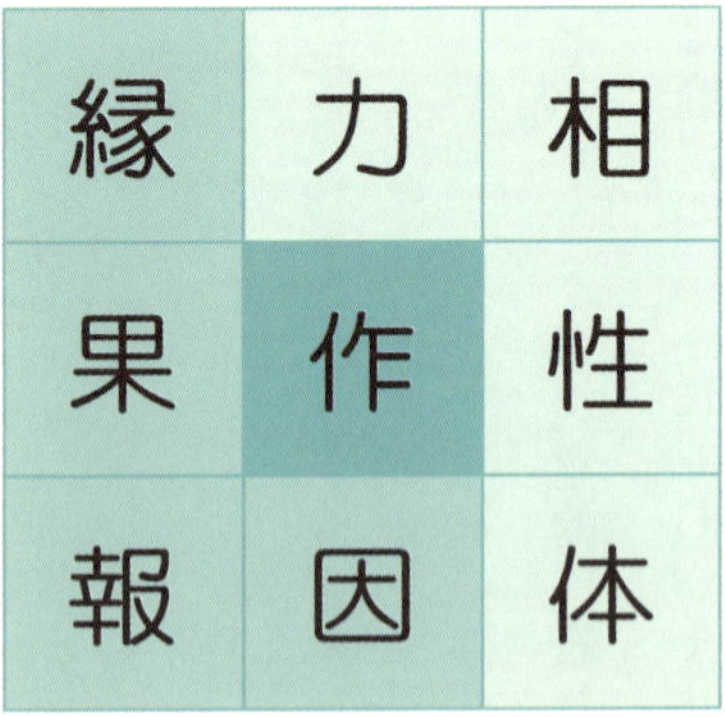

図Ａ　十如是の各要素の関係性

仏することも可能であると悟られたのです。

この「作」の修正こそが「修行」と説かれているところです。そして、その「作の修正」の実践方法が、観普賢菩薩行法経で明かされているところであります。

三昧の種類と修行段階

先に見ましたように、普賢行といわれるお釈迦様のなされた行は、如是十方観の修得を目的とした三昧行のことです。したがって、観普賢菩薩行法経には、三昧行の内容が実践的に説かれているということになります。

『無量義経之要諦』167頁で触れましたとおり、三昧はレベルの違いにより種類が分かれます。代表的なものとしては、無量義処三昧《むりょうぎしょざんまい》・普現色身三昧《ふげんしきしん》・首楞厳三昧《しゅりょうごん》・諸仏現前三昧《しょぶつげんぜん》・諸々の三昧がレベル順にあげられます。この内、観普賢菩薩行法経中に名称が出てくるのは、普現色身三昧と諸仏現前三昧のみですが、他の三昧も修行段階に対応させながら読み進むことで、普賢行は理解しやすくなります（図B参照）。そこで、まずは、三昧のレベルの違いを念頭に置いた上で、「経のどの部分の記述がどのレベルにあたるのか」という観点で本文を整理し、普賢行の全体像の把握に努めることに致しましょう。

（一）菩薩行一～七段目（諸々の三昧）

〈法華三昧〉や妙音菩薩品に出ている諸々の三昧は〈現一切色身三昧〉と総称されますが、これらは十功徳で説くところの、七段目

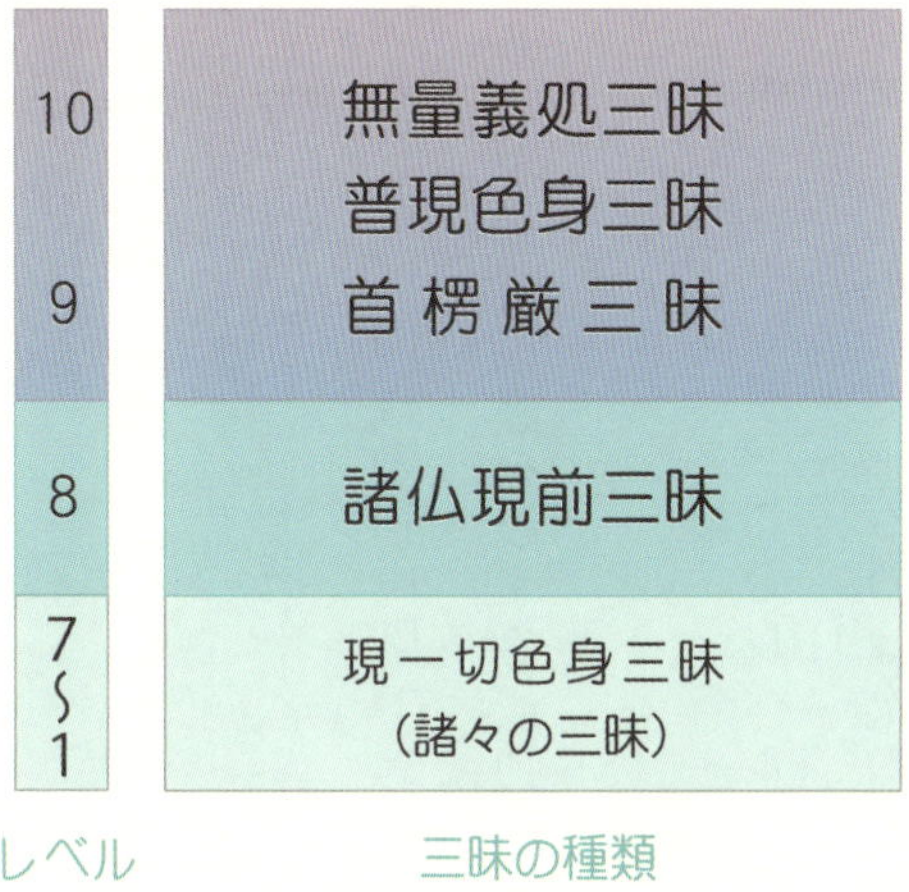

図B　修行段階と三昧の種類

以下のレベルに分類される三昧です。

先に学びましたように、三昧に入りますと法界知見が得られますが、観普賢菩薩行法経では、この法界知見を得ることが「普賢を見る」「普賢菩薩を観ずる」と表現されております。そして、修行の初段階である一～七段目のレベルについては、『是《こ》れを始《はじ》めて普賢菩薩《ふげんぼさつ》を観《かん》ずる最初《さいしょ》の境界《きょうがい》と名《なづ》く。』（611頁）という形で示されています。

法界知見の内容は修行レベルにより異なりますが、このレベルに修行者が到達した時に起こることとして本文で説かれているのは次のような現象です。

『爾《そ》の時《とき》に十方面《じっぽうめん》、一々《いちいち》の方《ほう》に於《お》いて一《ひと》りの菩薩《ぼさつ》の六牙《ろくげ》の白象王《びゃくぞうおう》に乗《の》れるあり。亦《また》普賢《ふげん》の如《ごと》く等《ひと》しくして異《こと》なることあることなけん。是の如《ごと》く十方《じっぽう》無量無邊《むりょうむへん》の中《なか》に滿《み》てる化象《けぞう》も、普賢菩薩《ふげんぼさつ》の神通力《じんつうりき》の故《ゆえ》に、持經者《じきょうしゃ》をして皆悉《みなことごと》く見《み》ることを得《え》せしめん。

是《こ》の時《とき》に行者《ぎょうじゃ》、諸《もろもろ》の菩薩《ぼさつ》を見《み》て身心歡喜《しんじんかんき》して、其《そ》の爲《ため》に禮《らい》を作《な》して白《もう》して言《もう》さく、

大慈大悲者《だいじだいひしゃ》、我《われ》を愍念《みんねん》したまふが故《ゆえ》に我《わ》が爲《ため》に法《ほう》を説《と》きたまへと。

是《こ》の語《ことば》を説《と》く時《とき》に、諸《もろもろ》の菩薩等異口同音《ぼさつとういくどうおん》に各《おのおの》清浄《しょうじょう》の大乘經法《だいじょうきょうほう》を説《と》いて、諸《もろもろ》の偈頌《げじゅ》を作《つく》つて行者《ぎょうじゃ》を讃歎《さんだん》すべし。』（610頁）

〔(普賢行を積み重ねますと)やがて、十方の世界にそれぞれ、六牙の白象に乗った菩薩が見えてくるでしょう。それらの菩薩のお姿は、普賢菩薩とまったく同じです。そのような十方世界に広がる法界の現象も、普賢菩薩の神通力により、持経者はことごとく見ることができるのです。

そのような菩薩の知見を得た修行者は身も踊るような歓喜を覚え、礼を尽くして、次のようにお願い申し上げることでしょう。

「大慈悲をお持ちの菩薩様、どうぞ私を憐れとおぼしめして法をお説きくださいませ。」

その願いを聞いた菩薩らは、異口同音に、お釈迦様の清浄な大乗の法

を説き聞かせ、さらに様々な表現で行者を讃嘆するでしょう〕

華やかな表現ではありますが、要点はシンプルで、説かれていますのは「行力に応じた様々な法界知見を頂くことができる」ということです。「行力の高さにより、入れる法界の深さが異なり、それにともない知見内容も多岐に渡る」という既に学んでいる知識を持って読めば、この一節は難なく理解できることでしょう。

ただ一点、〈霊夢三昧教化法〉と呼ばれる、夢の中でご教化を頂ける現象が新たなこととして説かれておりますので、それについて説かれた部分を押さえておくことに致します。

『爾《そ》の時《とき》に行者是《ぎょうじゃこ》の事《じ》を見已《みおわ》って、心《こころ》に大乗《だいじょう》を念《ねん》じて晝夜《ちゅうや》に捨《す》てざれば、睡眠《すいみん》の中《うち》に於《おい》て、夢《ゆめ》に普賢《ふげん》其《そ》の爲《ため》に法《ほう》を説《と》くと見《み》ん。覺《うつつ》の如《ごと》くにして異《こと》なることなく、其《そ》の心《こころ》を安慰《あんに》して是《こ》の言《ことば》を作《な》さん、汝《なんじ》が誦持《じゅじ》する所《ところ》、是《こ》の句《く》を忘失《もうしつ》し是《こ》の偈《げ》を忘失《もうしつ》せりと。』（611頁）

〔そのように、菩薩行の初段階に入ることのできた行者が、さらに昼夜に渡って心に大乗の教えを持ちつづければ、睡眠中も、普賢菩薩が夢の中で法を説いてくれるでしょう。普賢菩薩は、起きている時と異なることなく、はっきり明確に「あなたが誦持している教えの内、ここが抜けていますよ、ここの理解が足りませんよ」とお知らせくださります」

このような霊夢によるものも含めたご教化を昼夜に渡り繰り返し頂くことで、行者の修行は伸びて、知見できる内容も徐々に深みを増し、やがて仏様とお会いすることも叶うようになります。しかしながら、この段階の三昧はまだまだ浅く不安定です。そのことが表されているのが次の一節です。

『諸佛《しょぶつ》を見《み》たてまつると雖《いえど》も、猶《な》ほ未《いま》だ了々《りょうりょう》ならず。目《め》を閉《と》づれば則《すなわ》ち見《み》、目《め》を開《ひら》けば則《すなわ》ち失《うしな》ふ。』（612頁）

〔諸仏を知見させて頂けるようになったとはいえ、知覚はいまだ明了なものではありません。それは、目を閉じて精神を集中すれば仏様のお姿を拝見することができるものの、目を開けるとたちまちにそのお姿は見えなくなってしまうといった具合です〕

このような知見内容の不安定さ・未熟さから、このレベルの修行者は、自身の不浄さを自覚し、さらに懺悔を重ねてゆくこととなります。

（二）菩薩行八段目（諸仏現前三昧）

経中、菩薩行八段目に相応しますのは、次の一節です。
『既《すで》に發露《ほつろ》し已《おわ》りなば、尋《つ》いで時《とき》に即《すなわ》ち諸佛現前三昧《しょぶつげんぜんさんまい》を得《え》ん。』(614頁)
〔(その過去世の罪の)懺悔が終わりますと、諸仏現前三昧が得られます〕

無量義経十功徳品では『佛身《ぶっしん》を視《み》たてまつるが如《ごと》く等《ひと》しくして異《こと な》ることなからしめ』(44頁)と表現されていたことが、観普賢菩薩行法経においては〈諸仏現前三昧〉、という名称で明示されています。諸仏現前三昧とは、諸々の仏様を知見できる三昧で、その諸仏の知見が八段目に入ったことの証明となります。

そして、経には、この三昧に入るための要件が次のように説かれています。

『普賢菩薩《ふげんぼさつ》其《そ》の人《ひと》の前《まえ》に住《じゅう》して、教《おし》へて宿世《しゅくせ》の一切《いっさい》の業縁《ごうえん》を説《と》いて、黒悪《こくあく》の一切《いっさい》の罪事《ざいじ》を發露《ほつろ》せしめん。』（614頁）

〔（懺悔の行を続けると）普賢菩薩はその人の前にとどまって、前世の悪行によっての報いがあることを説き、その前世の罪もすべて明るみに出すよう求めるでしょう〕

八段目ともなりますと、前世まで遡っての懺悔が求められます。「前世まで遡っての懺悔」がどういうものかはイメージが難しいかもしれませんが、興教大師覚鑁《かくばん》懺悔録（密厳院発露懺悔文）（＊1）はその参考になるでしょう。覚鑁懺悔録は『われら懺悔す　無始よりこのかた　妄想に纏《まと》われて衆罪をつくる…』と、「人類が地上に現れてからの罪をすべて懺悔する」という一節から始まっており、懺悔がどうあるべきかの見本となります。

さて、先に述べましたように、この諸仏現前三昧は、その名のとおり、本仏以外の諸仏を知見できる三昧です。前品、普賢菩薩勧発品で、成仏に必要な四種の仏様（守護仏・時代仏・本尊仏・法性仏）について学びましたが、この八段目レベルでは、本尊仏（本仏）以外の三種の仏様との出会いがあります。そのことを表しているのが次の一節です。

『善哉善哉《ぜんざいぜんざい》、善男子《ぜんなんし》、汝大乗《なんじだいじょう》を行《ぎょう》ずる功徳《くどく》の因縁《いんねん》に、能《よ》く諸佛《しょぶつ》を見《み》たてまつる。今諸佛世尊《いましょぶつせそん》を見《み》たてまつることを得《え》たりと雖《いえど》も、而《しか》も釋迦牟尼《しゃかむに》佛《ぶつ》・分身《ふんじん》の諸佛及《しょぶつおよ》び多寶佛塔《たほうぶっとう》を見《み》たてまつること能《あた》はず。』（619頁）

〔実に素晴らしい。そなたは大乗の教えで説く普賢行（懺法）を行じた功徳により、諸仏と出会うことができました。しかし、諸仏と出会うことができたとはいえ、本仏釈迦牟尼仏と多寶仏を拝することはいまだできておりません〕

興教大師覚鑁懺悔録《こうぎょうだいしかくばんさんげろく》（＊1）

われら懺悔す　無始よりこのかた　妄想に纏《まと》われて衆罪《しゅざい》をつくる
身口意《しんくい》の業《ごう》　つねに顛倒《てんどう》して　誤って無量不善の業を犯す
珍財を慳吝《けんりん》して施を行ぜず　意《こころ》に任せて放逸にして戒を持せず
しばしば忿恚《ふんに》を起こして忍辱《にんにく》ならず　多く懈怠《けだい》を生じて精進ならず
心意《しんに》散乱して坐禅せず　実相に違背《いはい》して慧を修せず
つねに、かくの如くの六度《りくど》の行を退して　かえって流転三途《るてんさんず》の業を
作る

名を比丘にかりて　伽藍《がらん》を穢《けが》し　形を沙門《さもん》に比《ひ》して信施《しんせ》を受く
受くるところの戒品《かいほん》は忘れて持せず　学すべき律儀は廃して好むこ
となし
諸仏の厭悪《えんの》したまう所をはじず　菩薩の苦悩する所をおそれず
遊戯《ゆぎ》笑語《しょうご》して　徒《いたずら》に年を送り　諂誑詐偽《てんのうそぎ》して　空しく日を過ごす
善友に随わずして　癡人《ちにん》に親しみ　善根を勤めずして悪行を営む
利養を得んと欲しては自徳を讃じ　勝徳の者を見ては嫉妬をいだき
卑賤の人を見ては驕慢《きょうまん》を生じ　富饒《ふにょう》の所を聞いては希望を起こし
貧乏《びんぐ》の類《たぐい》を聞いては　つねに厭離《おんり》す　ことさら殺し誤って殺す有情《うじょう》

の命《みょう》

あらわに取り　ひそかに取る他人の財　触れても触れずしても犯す

非梵の行

口四意三《くしいさん》たがいに相続して　仏を観念する時は攀縁《へんねん》を発《おこ》し　経を読

誦する時は文句をあやまる

もし善根をなせば有相《うそう》に住し　かえって　輪廻生死《りんねしょうじ》の因となる

行住坐臥《ぎょうじゅうざが》　知ると知らざると　犯すところのかくの如くの無量の

罪《つみ》

今、三宝に対してみな発露したてまつる　慈悲哀愍して消除《しょうじょ》せしめ

たまえ
みなことごとく発露しことごとく懺悔す　ないし、法界の諸の衆生
三業所作《さんごうしょさ》かくの如くの罪
われみなあい代わりてことごとく懺悔したてまつる
更にその報《むくい》を受けしめざれ

（二）菩薩行九段目（首楞厳三昧）

菩薩行九段目になりますと、〈首楞厳三昧〉という三昧に入れるように

なります。無量義経十功徳品において、
『善《よ》く分身散體《ふんじんさんたい》して十方《じっぽう》の國土《こくど》に遍《へん》じ…』（46頁）
〔あらゆる法界に分け入って…〕
と表現されていますように、この首楞厳三昧に入りますと、魔界も含めた全法界を知見することができます。この九段目に入って全法界知見が得られるようになることについては、観普賢菩薩行法経において、次のように説かれています。
『敎已《おしえおわ》りなば懺悔《ざんげ》し渇仰《かつごう》して見《み》たてまつらんと欲《ほっ》し、合掌胡跪《がっしょうこき》して耆《ぎ》闍崛山《しゃくせん》に向《むか》つて是《こ》の言《ことば》を作《な》せ、如來世雄《にょらいせゆう》は常《つね》に世間《せけん》に在《いま》す。我《われ》を愍念《みんねん》したまふが故《ゆえ》に我《わ》が爲《ため》に身《み》を現《げん》じたまへ。

是《こ》の語《ことば》を作《な》し已《お》わって耆闍崛山《ぎしゃくせん》を見《み》るに、七寶莊嚴《しちほうしょうごん》して無數《むしゅ》の比丘聲聞《びくしょうもん》大衆《たいしゅう》あり。寶樹行列《ほうじゅぎょうれつ》して寶地平正《ほうちびょうじょう》なり。復妙寶師子《またみょうほうしし》の座《ざ》を敷《し》けり。釋迦牟尼佛《しゃかむにぶつ》眉間《みけん》の光《ひかり》を放《はな》ちたまふ。其《そ》の光《ひかり》遍《あまね》く十方世界《じっぽうせかい》を照《て》らし、復十方《またじっぽう》無量《むりょう》の世界《せかい》を過《す》ぐ。此《こ》の光《ひかり》の至《いた》る處《ところ》の十方分身《じっぽうふんじん》の釋迦牟尼佛《しゃかむにぶつ》一時《いちじ》に雲《くも》のごとく集《あつま》り、廣《ひろ》く妙法《みょうほう》を説《と》きたまふこと妙法華經《みょうほけきょう》の如《ごと》し。』（619頁）

〔（諸仏現前三昧を得てから）さらに懺悔を深め、お釈迦様にお会いできることを心の奥底から強く願って、跪いて合掌し、耆闍崛山に向かって次のように祈りなさい。

「世の中で最も貴く偉大な本仏釈迦牟尼仏如来は、滅することなく、常にこの世におわします。どうか私の念いを汲んで、お姿を現してくださりませ。」

そのように祈ってから、お釈迦様が法を説かれた耆闍崛山に思いを馳せると、きらびやかで荘厳さの漂う中に、無数の出家・在家の修行者が見えてきます。美しい木々の立ち並ぶその場所は、平らかで厳かです。中央には立派な説法座があり、お釈迦様が座していらっしゃいます。お釈迦様は眉間から光を放たれておられ、その光は時空を超えて法界のすみずみまで照らしています。その光に照らされたところには、お釈迦様の分身の諸仏が、まるで雲のように集まり、法華経に説かれているのと同じ妙なる法、すなわち、一如の法理を説いているのでありました〉

全法界を知見できるということは、造因仏としてのお釈迦様を悟っているということです。すべてのものがお釈迦様によって創造されたという悟りがあればこそ理解できるのが〈一如の法理〉です。一如の法理とは、魔界にも仏界にも共通した普遍的法理であります。その普遍性は、宗派・宗教はもちろんのこと、時間・空間をも超越します。

先に見た十如是法の悟りは、この時空を超えた普遍的法理の悟りに連なるものです。「九段目では過去の罪・咎が清算される」と無量義経十功徳品で説かれておりますが、時空を超越した如是十方観があるからこそ、過去世の罪・咎にまで懺悔が行き届くのです。つまり、先の引用部は、そこまで懺悔が深まり、行き渡った時に得られる知見内容である、ということです。

(四)　菩薩行九段目以上（普現色身三昧）

『是《こ》の語《ことば》を作《な》し已《おわ》つて、復更《またさら》に懺悔《ざんげ》せよ。

七日《しちにち》を過《す》ぎ已《おわ》つて、多寶佛《たほうぶつ》の塔地《とうち》より涌出《ゆじゅつ》したまはん。釋迦牟尼佛《しゃかむにぶつ》即《すなわ》ち右《みぎ》の手《みて》を以《もっ》て其《そ》の塔《とう》の戸《とびら》を開《ひら》きたまはん。多寶佛《たほうぶつ》を見《み》たてまつれば普《ふ》現色身三昧《げんしきしんさんまい》に入《い》りたまへり。（中略）多寶如來大音聲《たほうにょらいだいおんじょう》を出《いだ》して、讃《ほ》めて言《のたま》はく、法《ほう》の子《みこ》、汝今眞實《なんじいましんじつ》に能《よ》く大乘《だいじょう》を行《ぎょう》じ、普賢《ふげん》に隨順《ずいじゅん》して眼根懺悔《げんこんざんげ》す。是《こ》の因縁《いんねん》を以《もっ》て、我汝《われなんじ》が所《もと》に至《いた》つて汝《なんじ》が證明《しょうみょう》と為《な》る。』（626頁）

〔（本仏釈迦牟尼仏および分身の諸仏を知見できたとしても、多寶仏塔を見ることがなければ、まだ不浄が残っていると心得）さらに微細に渡り懺悔を続けなさい。そうすると、七日を過ぎた頃に、多寶仏塔が地より涌き出るのが見えるでしょう。そして、お釈迦様が右手で塔の扉を開かれ、塔中に座する多寶仏のお姿を知見することが叶います。（中略）多寶仏如来は大きな声で、次のように修行者を讃嘆します。

「法を継ぐべき資格を具えた者よ、汝は今、真に大乗の教えを行じ、普賢菩薩の行法にしたがって、自らの見識が仏の十方観と一致していないことを懺悔し、修正した。この因縁によって、私は汝の修行の証明として、汝の前に現れたのである」」

首楞厳三昧の次の段階に位置しますのは普現色身三昧で、引用部で示されていますように、「多寶仏知見」がその証明となります。多寶仏の任務につきましては見寶塔品で詳しく見たところですが、一言でいえば、〈法華証明仏〉、すなわち、正しく法華経のお教えが流れているところを証明する仏様です。そして、引用部で説かれていますのは、〈釈迦牟尼仏入身法理〉という重要な法理です。

法師品や見寶塔品にも、

『此《こ》の中《なか》には已《すで》に如來《にょらい》の全身《ぜんしん》います』（314頁）

『此《こ》の寶塔《ほうとう》の中《うち》に如來《にょらい》の全身《ぜんしん》います』（324頁）

とありますように、お釈迦様と多寶仏の住処は多寶仏塔でありますが、この多寶仏塔自体を、悟り・行力の証明として行人の心の中に起ててくださるのも多寶仏であります。多寶仏により心の中に多寶仏塔を起てて頂けますと、お釈迦様がその塔に入られ、それにより行人は無上道に入ることができます。この「多寶塔が起つことで、心の中に二仏並座《にぶつびょうざ》の状態が完成し、それにより修行者がお釈迦様の手足となって正しく法華経を説けるようになる」という一連の法理が〈釈迦牟尼仏入身法理〉と呼ばれるものです。無量義経十功徳品で明かされている功徳は、この法理があって現出してくるものなのです。

（五）菩薩行十段目（無量義処三昧）

菩薩行十段目は三昧の最高峰である無量義処三昧に入れる段階、すなわち、お釈迦様と一心同体になれるレベルです。このお釈迦様と一心同体になることについて、観普賢菩薩行法経本文では次のように説かれています。

『我今何《われいまいず》れの處《ところ》にしてか懺悔《さんげ》の法《ほう》を行《ぎょう》ぜんと。

時《とき》に空中《くうちゅう》の聲《こえ》即《すなわ》ち是《こ》の語《ことば》を説《と》かん、釋迦牟尼佛《しゃかむにぶつ》を毘盧遮那遍一切處《びるしゃなへんいっさいしょ》と名《なづ》けたてまつる。其《そ》の佛《ほとけ》の住處《じゅうしょ》を常寂光《じょうじゃっこう》と名《なづ》く。常波羅蜜《じょうはらみつ》に攝成《しょうじょう》せられたる處《ところ》、我《が》波《は》羅《ら》蜜《みつ》に安立《あんりゅう》せられたる處《ところ》、淨《じょう》波《は》羅《ら》蜜《みつ》の有相《うそう》を滅《めっ》せる處《ところ》、樂《らく》波《は》羅《ら》蜜《みつ》の身心《しんしん》の相《そう》に住《じゅう》せざる處《ところ》、有無《うむ》の諸法《しょほう》の相《そう》を見《み》ざる處《ところ》、如寂解《にょじゃくげ》脱《だつ》・乃至《ないし》般若《はんにゃ》波《は》羅《ら》蜜《みつ》なり。是《こ》の色常住《しきじょうじゅう》の法《ほう》なるが故《ゆえ》に。是《かく》の如《ごと》く應當《まさ》に十方《じっぽう》の佛《ほとけ》を觀《かん》じたてまつるべし。』（636頁）

〈修行者がどのような境界で懺悔の法を行じたらよいのでしょうと問いかけると、空中の声は次のように説かれることでしょう。〉

釈迦牟尼仏は仏身三種身を示される本仏であり、その法身は毘盧遮那仏であられます。毘盧遮那仏が住される所は〈常寂光土〉、すなわち、常に変わらぬ静寂な光に満ちた寂滅相の世界です。その常寂光土という涅槃の境地は、無常な煩悩心へのとらわれから脱することで到達できるところです。また、煩悩我から解脱して、常住不変の真我が目覚めた時に得られる安らかな境地です。また、常に変化する煩悩世界は不浄と見切ることで入れる、現象を超越した不生・不滅・不変の清浄な世界です。そしてそれは、苦しみや悩みはすべて煩悩によって引き起こされると悟り切った時に到達できる平和な境地です。また、存在の有無という煩悩世界の様相を超越したところでもあります。つまり、この世の一切の迷いや苦しみから解脱したところであり、完全に仏の智慧が成就したところです。この仏の世界は、変化することのない絶対的な世界です。懺悔の法は、この境地に入って世の中全体を観じた上で行じなければなりません」

ここで説かれていますのは、四波羅密（四念処）といわれる仏の境界です。四波羅密については、随喜功徳品第十八の解説で深く見たところですが、その仏の境界に立って行う懺悔が最高の懺悔であるということが引用部の要点です。懺悔と境界の変化は一体ですので表現が難しいですが、「完璧な懺悔が成し遂げられた結果として入れるのが四念処と称されるお釈迦様と一心同体の境界」という方が適切かもしれません。いずれにしましても、無量義処三昧の段階では、ものの観方が完成し、懺悔も完璧に行われている、すなわちお釈迦様と同じ境界に入っているということです。

三昧行の土台は懺悔

今、〈普賢行＝三昧行〉という前提を踏まえて、「修行レベルの違い」を「入れる三昧の種類の違い」として学びました。本文で「懺悔せよ」という言葉が繰り返されていましたように、この三昧行を支える土台は懺悔です。一般的に、懺悔は「罪悪を悔い改める」ことでありますが、これまで見てきた流れから法華経的に定義するならば、十如是のうちの「作」を修正すること、といえるでしょう。先に、修行とは十如是の中心軸である「作の修正」であると見ましたが、この「作の修正」こそが他でもない、お釈迦様の説かれる「懺悔」なのです。

境界を上げることが懺悔の目的

さて、ここまで、普賢行がどのようなものであるかについて、複数の面から見たところで、一度、その内容を整理しておくことに致しましょう。

まず、大枠として、普賢行とは三昧行、すなわち法界知見を得るための修行でありました。そして、その具体的な内容は、懺悔（作の修正）という手段・方法により、境界を高めるという結果を得るということです（図C参照）。

法師功徳品でも触れましたように、〈境界〉とは心の住するところで、その心の居場所は〈法界〉として表されます。すなわち、心の所属するところが、下は地獄界から上は仏界までの法界として分類されているのです。そして、それぞれの法界は根本的な心因により区分けされます。

この根本心因は欲界の場合〈根本煩悩〉と呼ばれ、地獄界は〈瞋〉、餓鬼界は〈貪〉、畜生界は〈痴〉、修羅界は〈慢〉、人間界は〈疑〉、天人界は〈悪見〉がその根本煩悩とされています。

法華経では最低でも菩薩位に上ることが一貫して説かれているわけですが、その菩薩界の根本心因は何かといえば、経中、キーワード的に繰り返されている〈大乗心〉になります。お釈迦様の説かれるところの大乗的な思考こそが、菩薩の境界に達したことの証明でありますし、正しい懺悔がなされた結果

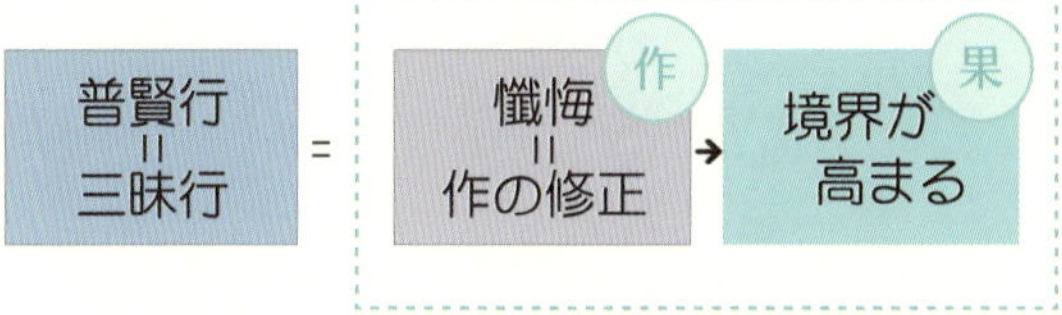

図C　普賢行による作の修正とその結果

なのです。

大乗心を得る方法　―六思念法―

菩薩界の根本心因である大乗心については、本文中、次のように説かれています。

『是《こ》の願《がん》を作《な》し已《おわ》つて、晝夜六時《ちゅうやろくじ》に十方《じっぽう》の佛《ほとけ》を禮《らい》し懺悔《ざんげ》の法《ほう》を行《ぎょう》じ、大《だい》乘經《じょうきょう》を讀《よ》み大乘經《だいじょうきょう》を誦《じゅ》し、大乘《だいじょう》の義《ぎ》を思《おも》ひ大乘《だいじょう》の事《じ》を念《ねん》じ、大乘《だいじょう》を持《も》つ者《もの》を恭敬《くぎょう》し供養《くよう》し、一切《いっさい》の人《ひと》を視《み》ること猶《な》ほ佛《ほとけ》の想《おもい》の如《ごと》くし、諸《もろもろ》の衆生《しゅじょう》に於《お》いて父母《ぶも》の想《おもい》の如《ごと》くせよ。』（609頁）

〔一日に六回、十方の仏を礼拝し、懺悔の法を行じ、大乗経を読み、大乗経を誦し、大乗経に説かれた無量義について思いをめぐらせ、一大事〈の因縁〉を念い、大乗の教えを持つ者を敬い供養し、人々を見る時は仏の境界から見、衆生に対しては父母のような慈悲心を持って接しなければなりません〕

この一節で説かれておりますのは、〈六思念法〉といわれる重要な修行法理です。〈六思念法〉は、一言でいえば、大乗的思考を身につける方法です。修行の目標は、最低でも菩薩界に上がること、言い換えれば、大乗的思考を身につけることですから、六思念法の内容は、これまで学んだ修行法の集約となっております。

引用部の冒頭の、

『晝夜六時《ちゅうやろくじ》に十方《じっぽう》の佛《ほとけ》を禮《らい》し懺悔《ざんげ》の法《ほう》を行《ぎょう》じ』という一節は、「修行は懺悔を土台とする」ということをこれまで何度も説かれてきたことを改めて示したものです。〈懺悔〉については、主に提婆達多品で学んだところで、そのポイントは、「お釈迦様を本仏と悟って、帰依した上で、本仏に対して直接懺悔を行う」ということでありました。

六思念法とは、この懺悔を基軸として作の修正を行う具体的方法が六つに分けて説かれたものであります。それらがどのようなことであるかを一つひとつ見てゆき、「大乗的思考」の会得を目指してまいりましょう。

（一）大乗経を読み大乗経を誦す

ここでの「大乗経の読誦」は〈五種法師行〉を表しています。前品、普賢菩薩勧発品第二十八の解説において見ましたように、五種法師行とは、「受持」「読」「誦」「解説」「書写」の五つの修行法を指します。

法師功徳品では五種法師行について、

『爾《そ》の時《とき》に佛《ほとけ》、常精進《じょうしょうじん》菩薩摩訶薩《ぼさつまかさつ》に告《つ》げたまはく、若《も》し善男子《ぜんなんし》・善女人《ぜんにょにん》是《こ》の法華經《ほけきょう》を受持《じゅじ》し、若《も》しは讀《よ》み若《も》しは誦《じゅ》し、若《も》しは解説《げせつ》し若《も》しは書寫《しょしゃ》せん。是《こ》の人《ひと》は當《まさ》に八百《はっぴゃく》の眼《まなこ》の功徳《くどく》・千二百《せんにひゃく》の耳《みみ》の功徳《くどく》・八百《はっぴゃく》の鼻《はな》の功徳《くどく》・千二百《せんにひゃく》の舌《した》の功徳《くどく》・八百《はっぴゃく》の身《み》の功徳《くどく》・千二百《せんにひゃく》の意《こころ》の功徳《くどく》を得《う》べし。是《こ》の功徳《くどく》を以《もっ》て六根《ろっこん》を莊嚴《しょうごん》して皆《みな》清淨《しょうじょう》ならしめん。』（463頁）

〔若し修行者が法華経の教えを強く信じて心に保ちつづけ（受持）、経典を深く読み込み（読）、暗誦し（誦）、他の人に説き伝え（解説）、書き写すならば（書写）、眼・耳・鼻・舌・身《み》・意《こころ》の六根が清浄になるという功徳が得られるであろう〕

と説かれていました。つまり、六根が清浄になるということが大乗的思考に直結するのです。

(二) 大乗の義を思う

「大乗の義を思う」ということは、お釈迦様が説かれる社会正義とは何かについて思いをめぐらせるということで、無量義経説法品で説かれている「一法より生ずる無量義」を思考することと重なります。

『宗教は善悪の基準を教育し成仏をさせるものである』という金言がご

ざいますが、その善悪の基準である〈一法〉を悟るためには、お釈迦様の説かれた正義を学んでゆく必要があります。つまり、お釈迦様の説かれた正義が大乗の義であり、その尺度の会得が正しい大乗的思考には欠かせないものなのです。

(三) 大乗の事を念ずる

「大乗の事」は〈一大事の因縁〉のことです。〈一大事の因縁〉は方便品において『諸佛世尊《しょぶつせそん》は、唯《ただ》一大事《いちだいじ》の因縁《いんねん》を以《もっ》ての故《ゆえ》に世《よ》に出現《しゅつげん》したまふ』

(100頁）という形で出てきていた言葉です。方便品第二の解説で見ましたように、「一大事」とは、「この世に荘厳仏国土を造る」というお釈迦様のご計画のことです。したがって、「大乗の事を念ずる」ということは、そのお釈迦様のご計画が実現することを強く願い祈るということになります。

地上に荘厳仏国土を造るというお釈迦様のご計画については、従地涌出品で詳しく明かされておりました。そこで説かれているご計画の内容を深く理解し、信じ、自らもご計画実現のために力を尽くす一員として、主体的に行動する意識を持つことが「大乗的思考」そのものなのです。

（四）大乗を持つ者を恭敬し供養する

四番目に説かれていますのは、大乗を持つ者、すなわち、お釈迦様の代理者である法師を敬い、法師に従って学ぶということです。具体的には、法師品に説かれた内容のおさらいとなります。つまり、多寶塔供養法理に則って多寶塔を起て、お釈迦様をご本尊としてお迎えしている場所で法華経を正しく説き明かすことのできる法師に学ぶことが、大乗的思考を身につける条件であるということです。

（五）一切の人を視ること猶ほ佛の想の如くす

六思念法の五番目は「人間観」、すなわち、人間という存在を仏様と同じ観点で認識するということです。具体的にいえば、従地涌出品で明かされている人間（本化菩薩）の起源と宿命について正しく悟るということです。先に学びましたように、原罪を犯したことで霊魂が肉体に閉じ込められ、輪廻転生することになったのが人間という存在です。そして、娑婆世界でお釈迦様のお教えを学び、実践し、説き広めることで世の中の仏国土化に貢献し、それにより自らの成仏も果たせる宿命にあるのが本化菩薩です。この認識に基づいた価値観を持ち、他者を見、自らの生き様を決してゆくことの重要性が説かれているのがこの一節ということです。

（六）諸の衆生に於て父母の想の如くせよ

六番目に示されていますのは、「すべての衆生に対して親のような慈悲を持って当たらなければなりません」ということ、すなわち、〈四無量心〉

を持って人と向き合うということです。

『我本誓願《われもとせいがん》を立《た》て、一切《いっさい》の衆《しゅう》をして　我《わ》が如《ごと》く等《ひと》しくして異《こと》なることなからしめんと欲《ほっ》しき』（110頁）というお釈迦様の親心を深く悟った上で、慈心・悲心・喜心・捨心の四無量心（仏心）（『無量義経之要諦』133頁）の完成を目指すことで大乗的思考が形作られると明示されているのです。

大乗心とは何か

大乗心を得る方法である六思念法の内容から自ずと浮かび上がってきますのは「大乗心とは何か」の答えです。強いて集約するならばそれは、

一、造因仏法理（宇宙の起源）
二、人間の起源と宿命
三、四弘誓願法

の三つを思考することといえます。平たくいえば、宇宙の本源に思いをめぐらせたり、人間の来し方行く末を考えたりすることにより真理に迫ろうとし、その過程で悟り得たものを自らの生き様にも反映してゆこうとする心の「ありよう」、それが大乗心なのです。

菩薩の懺悔は大乗的懺悔

以上のことを総合的に理解致しますと、観普賢菩薩行法経で「修行」として説かれている「懺悔」がいかなるものかが見えてくることでしょう。単なる内面的な個人反省は「懺悔」とはいえません。普賢行としての「懺悔」は、大乗を踏まえたものでなければなりません。

四弘誓願法によれば、私たち人類が向かい行くのは、荘厳仏国土という成熟した理想的社会です。「一燈照隅　万燈照国」という言葉もありますように、社会が善なる方向に変化を遂げるということは、その社会の構成員である一人ひとりの人間が「善」なる存在になるということです。

したがって、懺悔は社会のためになる内容でなければなりません。社会に役立つ方向に生き様が好転する懺悔こそが真の懺悔であるのです。

社会の役に立つ正しい懺悔であるか否かは、三昧が証明となります。すなわち、三昧で得ることのできる仏知見の内容が、懺悔の深さ・正しさの証明となるということで、それが本経で説かれている修行の根幹をなす部分です。

つまり、修行＝作の修正＝思考性の修正なのです。

本尊勧請法

『五體《ごたい》を地《ち》に投《とう》じて復更《またさら》に懺悔《ざんげ》せよ。既《すで》に懺悔《ざんげ》し已《おわ》って當《まさ》に是《こ》の語《ことば》を作《な》すべし、

南無釋迦牟尼佛《なむしゃかむにぶつ》・南無多寶佛塔《なむたほうぶっとう》・南無十方釋迦牟尼佛分身諸佛《なむじっぽうしゃかむにぶつふんじんしょぶつ》と。』（631頁）

（この言葉を聞いたら）五体投地をして、さらに深く懺悔をしなさい。そして、懺悔をしたら、「南無釈迦牟尼仏・南無多寶仏塔・南無十方釈迦牟尼仏分身諸仏」と唱えて、帰依心を深めなさい」

という一節が示しますのは、「懺悔はお釈迦様と多寶仏の御前でなされな

ければ意味がない」ということです。〈普賢行〉は、唯一の救済者である本仏釈迦牟尼仏のご存在と〈法華証明仏〉と称される多寶仏の証明抜きには成立しないのです。

その根拠となる法理は、〈本因仏法〉と〈多寶仏塔供養法理〉の二つです。〈本因仏法〉は、『今此《いまこ》の三界《さんがい》は　皆是《みなこ》れ我《わ》が有《う》なり　其《そ》の中《なか》の衆生《しゅじょう》は悉《ことごと》く是《こ》れ吾《わ》が子《こ》なり　而《しか》も今此《いまこ》の處《ところ》は　諸《もろもろ》の患難多《げんなんおお》し　唯我一人《ただわれいちにん》のみ能《よ》く救護《くご》を爲《な》す』（163頁）と譬喩品で説かれていました。この法理ゆえ、お釈迦様のご存在抜きに、懺悔が認められ、心が救われることはありません。

〈多寶仏塔供養法理〉は法師品で学んだ法理ですが、多寶仏の任務については、見寶塔品で明かされておりました。多寶仏の証明方法は「神通知見」でありますが、実質的には心の変化として現れます。随喜功徳品で見た「感銘」・「感動」・「歓喜」・「随喜」(『妙法蓮華経之要諦二』408頁)はその多寶仏の証明です。行人は懺悔を行じると、その悟りに応じて、これらの心の変化を感じることができるのです。

以上のような仏様のお力と法理の存在があるため、本仏釈迦牟尼仏に帰依し、物理的にも〈多寶仏塔供養法理〉に基づいて、お釈迦様・多寶仏を勧請し、その御前で懺悔を基本とする修行を行ってこそ聖果は得られます。この本仏を信仰の対象に据えて、法理的に正しい形で祭壇にお迎えしてお祀りすることを〈本尊勧請法〉といいます。修行の結果が出る・出ないはこの本尊勧請法にかかっています。法理を無視しての行果はないのです。

三昧入座祈祷文　―出来の経緯―

〈三昧入座祈祷文〉は、心ある人から人へ、秘かに脈々と伝えられてきたお経です。内容は、観普賢菩薩行法経に説かれている行法の実践法で、出家という特別な形を取らずとも、誰もが手軽に行うことができる画期的な修行法となっております。いつ誰がということははっきりしませんが、その出来の経緯につきましては、次のような話が伝えられています。

その昔、道を求めて仏門に入った若者がおりました。後に「五百年に一人の逸材」と称されるようになるその若者は、座を組んだ初日に漏盡通が開き、お釈迦様と出会い、自身の宿命を悟り、その後の人生をお釈迦様と共に歩むことになりました。

若者は寝食を忘れて法華三部経を中心に数多くの経典を読み込み、苦行も修め、悟りを深めてゆきました。そうして、お釈迦様のお教えについての理解が深まるにつれ、若き行者の心にはある疑問が浮かんできたのでありました。

「荘厳仏国土成満のためには、人間一人ひとりがお釈迦様を見倣って修行する必要がある。しかし、世の中のすべての人々が、お釈迦様と同じように一切を捨てて出家することは現実的に不可能である。どうしたら皆が成仏に向かうことができるのだろうか…。」

行者は、この疑問をすぐにお釈迦様に投げかけました。しかしながら、お釈迦様はすぐに答えをくださることはありませんでした。

熱き心を持つ行者は、その答えを探しながら、さらなる修行を重ねて行きました。必要とあらば全国各地の高僧を訪ねてまわり、教えを請いました。簡単には取り次いでもらえないことも多く、朝、暗いうちから、「散歩で通るかもしれない」と耳にした道に座って、高僧を待ちつづけたこともありました。一つの質問の答えを頂くために、何時間、時には何日も待ちつづけることもありました。

そのような日々を重ねるうちに、やがて六年の歳月が流れました。行者の道を求める情熱は冷めることなく、ますます熱を帯びておりました。「皆のため、荘厳仏国土のため」という強い大乗心が、心を駆り立てていたのです。

六年目のある日のことでした。お釈迦様が突如、行者に仰せになりました。

「汝の求道心、真正である。紙と筆を持て。」

このようにしてお釈迦様から直々に伝授されたのが〈三昧入座祈祷文〉と伝えられています。三昧入座祈祷文は、既存の経典等を基に人間が考案したものではなく、無上道に入られた方がお釈迦様から直接お聞きしたものです。つまり、「是の如きを我聞きゝ」とお釈迦様の言葉をそのまま写した経典と同じ格を具えた祈祷文ということになります。内容は、修行法理のエッセンスが詰まった実践方法となっております。本化菩薩の成仏と荘厳仏国土成満のためにはなくてはならないものですので、行い方と合わせて内容の詳細を見てゆくことに致しましょう。

三昧入座祈祷文の内容

○南無《なむ》久遠実成《くおんじつじょう》本佛《ほんぶつ》釈迦牟尼《しゃかむに》佛如来《ぶつにょらい》。
南無《なむ》法華《ほっけ》証明佛《しょうみょうぶつ》多寶佛如来《たほうぶつにょらい》。
南無《なむ》十方界《じっぽうがい》三世《さんぜ》の諸佛如来《しょぶつにょらい》。

三昧入座祈祷文は御本尊を勧請するところから始まります。その理由は先の本尊勧請法で触れたとおりです。

当然のことながら、ここで勧請しているのは、その昔インドで教えを説かれた仏祖・開祖としての「人間釈迦」ではなく、『釋迦牟尼佛《しゃかむにぶつ》を毘盧遮那《びるしゃな》遍一《へんいっ》切處《さいしょ》と名《なづ》けたてまつる。』（637頁）と説かれる「本仏釈迦牟尼仏」です。

そして、その本仏は『我實《われじつ》に成佛《じょうぶつ》してより已來《このかた》久遠《くおん》なること斯《かく》の若《ごと》し。』（419頁）と永遠の昔から仏様として存在し、未来永劫本仏でありつづける存在です。

「久遠実成本仏」というのは他では見られない格付けですが、経典の義に即した正式な格付けです。その本仏釈迦牟尼仏に南無（＝帰依）すると、まずは誓いを込めて唱えます。

次に、滅度後の修行上、鍵となる多寶仏如来への帰依を宣言します。

そして最後に、本仏釈迦牟尼仏の下に縁をつないでくださった十方の三世の諸仏への帰依を表明します。

ここは、仏様とは何かが明らかにされているところでもあります。信仰の対象を明確に立て、その御前にて次の祈祷文へと進んでゆくのです。

○只今《ただいま》から三昧《さんまい》に入界《にゅうかい》したく佛智慧心《ぶっちえしん》に深く入り正しく調和体《ちょうわたい》をもって清浄心《しょうじょうしん》にて三昧道正覚《さんまいどうしょうがく》に達する竟界《きょうがい》を祈祷《きとう》し奉《たてまつ》る。

先に見ましたように、三昧行は境界を上げて、仏様の法界（無色界）へ入ることを目指すものです。

お釈迦様は、菩提樹の下で全法界を知見されましたが、この知見はその全法界に入られたからこそ得られたものです。同様に、行人が仏様に出会おうとするならば、仏様の法界に入界することが必要です。特別のご慈悲で仏様が人間界に降りてきてくださることがあるにしても、あくまでも三昧行は行人自らが上を目指すものです。

以上のような理由で、ここでは「三昧に入界したく」「三昧道正覚に達する竟界を」と目指すべきところを祈祷します。

また、佛智慧心＝如是十方観、調和体＝身口意の三密が整った状態、清浄心＝大乗心であり、いずれもが三昧に入界するための必要条件です。これらは三位一体の関係にあり、すべてが揃った時に仏様の覚りが得られます。

仏様の覚りとは、三昧道正覚、すなわち、仏・法・神通についての正しい覚りです。

○懺悔祈祷文《ざんげきとうぶん》

七仏通戒偈《しちぶつつうかいげ》

諸悪莫作《しょあくまくさ》。衆善奉行《しゅうぜんぶぎょう》。

自浄其意《じじょうごい》。是諸仏教《ぜしょぶっきょう》。

○懺悔《ざんげ》

一、思考……正しい考え。

二、望み　希望…希望をもつ。成仏の方向へ行く。

物事が成万《じょうまん》出来る力となるので正しい。

失望…仏種を断ずる方向に行く。

物事が成万しなくなる力となる。

三、懈怠《けだい》……精進をやめた事になる。

四、行為……殺《せつ》、盗《とう》、淫《いん》。

五、言葉……妄語《もうご》、両舌《りょうぜつ》、悪口《あっこう》、綺語《きご》。

六、瞋《しん》……怒り。

七、貪《どん》……むさぼり。

八、痴《ち》……心の愚痴《ぐち》、無明《むみょう》。

九、懺悔心《ざんげしん》の反省。

次に示されておりますのは、懺悔祈祷文ですが、これは三昧に必要な清浄心を得るための祈祷文です。すなわち、三昧に入る前に懺悔を行い、心の汚れを落とすのです。

懺悔祈祷文の冒頭では七仏通戒偈を唱えます。七仏通戒偈については

『無量義経之要諦』95頁に記した内容を再度記載いたします。

『七仏通戒偈《しちぶつつうかいげ》』

諸悪莫作《しょあくまくさ》。衆善奉行《しゅぜんぶぎょう》。

自浄其意《じじょうごい》。是諸仏教《ぜしょぶっきょう》。

此の四句は、一切仏教を総括し、仏教の広海を此の一偈に攝盡《しょうじん》したるものにて、大小乗八万の法蔵は、この一偈より流出すとせられる。

諸悪莫作。……諸の悪を行うな。

衆善奉行。……諸々の善を行いなさい。

自浄其意。……三宝帰依（信）↓信より起る清浄とは、煩悩の汚濁か
らはなれる。心所法。自らの心を浄くする無我・空・
解脱　甚深縁起の実践六内・六外処・縁起・無我の境地。

是諸仏教。……是の法は一切の七仏を通じた諸仏の教えである。

仏教の法の眞は、過去七仏を通じ、その一切の教説は、この七仏通戒偈に蔵され、仏教は、これに初まり、これに終る。これこそ、仏の性。仏の実相である。仏教の法は、この七仏通戒偈より出たものであり、これに懾される懺悔は、この自浄其意に入法界する。』

七仏通戒偈は「法とは何か」の答えであり、お教えの軸です。したがって懺悔もこの七仏通戒偈を基軸・尺度として行うわけですが、この四句だけでは理解できなかった人間のために八万四千経巻ができ上がったという経緯があります。そこで懺悔のポイントがこれに続いて具体的に説示されております。これらの懺悔項目は、一番始めの思考がすべての集約となっており、他はその補足となっております。

前に、「懺悔の基本は境界法」と懺悔と境界が法理一体であることと、境界は思考性で確認できることに触れましたが、それらを踏まえますと、懺悔を思考性においてなすのは至極当然のことでありましょう。思考性において仏と魔の区別をなし、それを整えることが修行・菩薩心行なのです。

また、これら懺悔項目が、十善十悪、六波羅密、八正道など、すべての行法の総括となっている点も見逃せないところです。さらに、この懺悔が大乗を踏まえてなされるべきものであることは、先に見たとおりです。

○今日一日《こんじついちにち》の浄行《じょうぎょう》成満《じょうまん》を反省し○○○○の罪を心より懺悔し奉《たてま》つる。

ここでは、お釈迦様に対して自らの罪を告示するわけですが、これはお釈迦様の立ち会いのもと、正しく懺悔がなされると、お釈迦様の出力によって、罪が消滅するという法理があることによります。これも、本尊勧請法と密接に結びついた法理と言えるでしょう。

○諸法解脱《しょほうげだつ》。滅諦《めったい》。寂静《じゃくじょう》。如是相者《にょぜそうしゃ》。名大懺悔《みょうだいざんげ》。名大荘厳懺悔《みょうだいしょうごんざんげ》。名無《みょうむ》罪相懺悔《ざいそうざんげ》。名破壊心識《みょうはえしんしき》。因思大乗《いんしだいじょう》。眞実義故《しんじつぎこ》。除却百萬億《じょきゃくひゃくまんのく》。阿僧《あそう》祇劫《ぎこう》。生死之罪《しょうじしざい》。因此勝妙《いんししょうみょう》。懺悔法故《ざんげほうこ》。三宝帰依《さんぽうきえ》。六根清浄《ろっこんしょうじょう》。

この部分は、最後の『三宝帰依《さんぽうきえ》。六根清浄《ろっこんしょうじょう》。』の二偈を除いては、観普賢菩薩行法経からの引用となっております（635頁、640頁）。内容的には観普賢菩薩行法経の要点・主眼であり、行法の命ともいえるものですので、丁寧に見てゆくことに致します。

諸法は解脱であり（諸法解脱）四聖諦でいうところの「苦の滅尽に至る道についての聖諦」であり（滅諦）寂静そのものである（寂静）。

そのような相をもたらす懺悔を（如是相者）大懺悔と名づけ（名大懺悔）、荘厳仏国土へ生まれ出づるために必要な懺悔すなわち大荘厳懺悔と名づけ（名大荘厳懺悔）、人間の身をもって生まれ輪廻転生を繰り返す元となった劫初の時の罪をも滅することのできる無罪相懺悔と名づける（名無罪相懺悔）。

また、その相は魔性も破ることのできない仏そのものの心である（名破壊心識）。そしてその仏心は大乗の因であり（因思大乗）真実の義である（眞実義故）。

仏心をもって大乗・真実の義を思うことにより、人は生々流転を繰り返す中で重ねてきた罪、煩悩を滅除することができるのである（除却百萬億。阿僧祇劫。生死之罪。）。

仏心とは何ものにも勝るもの、相対的な次元から抜きん出た妙なるものである（因此勝妙）。

そのような仏心は懺悔によりもたらされるもの、すなわち、懺悔こそが修行の基本であり、成仏の大直道なのである（懺悔法故）。

だからこそ、仏・法・僧、つまり毗盧遮那仏、盧遮那仏、釈迦仏の三宝に帰依し、その御前で懺悔をなすのである（三宝帰依）。

これら三宝に帰依すれば、六根は清浄になり、煩悩ありといえども煩悩なきが如しという状態になる。すなわち、成仏がかなうのである（六根清浄）。

以上のように、この部分には、修行のゴールである仏心とは何かということと、それに到るための修行法である懺悔について、様々な角度から説かれております。その意味において、この一節は法華懺法のエッセンスといえます。

○無量義処三昧《むりょうぎしょさんまい》。内印《ないいん》。外印《がいいん》。浄印《じょういん》。

南無釈迦牟尼佛《なむしゃかむにぶつ》。

ここからいよいよ三昧に入るわけですが、まずは目指すべき三昧〈無量義処三昧〉の名を唱えます。そして内印・外印・浄印という三種の手印を切りますが、それぞれの手印の意味は次のようになっております。

〈内印〉‥金剛蓮華法座＝三昧の土台。仏像で表されているような仏様の座される三層の蓮華（那須三層）。実際、神通によれば手印を切った時に蓮華台ができるの

を確認できる。

〈外印〉…十如是法座＝仏様の智慧・正見法の意味がある。

お釈迦様のご意思が自分の意思になるよう願いを込めて切る手印。この印を切ると法性仏の白毫相が光るとされているが、これは行力によるところ

が大きいので、初段階では形だけまねることとなる。

〈浄印〉：本尊仏座＝心の中にお釈迦様をお迎えする印。

この手印を切るとお釈迦様と多寳仏が並座された多寳塔が入心し、「塔をたてて供養せよ」という経

典の記述が実行可能になるが、当然のことながらこちらも「実力に応じて」という条件がつく。

手印を切った後、「南無釈迦牟尼仏」と唱えますが、これは仏名祈願修法として唱える真言です。この修法を行いますと、行人の境界・清浄心に応じて必要な法力が出てくるのですが、その法力が何であるかは三昧に入ってからわかる仕組みになっております。

○三昧《さんまい》入《にゅう》法界《ほうかい》。合掌《がっしょう》手《しゅ》を定印《じょういん》三昧《さんまい》手《しゅ》法印《ほういん》。

手印を切り、仏名祈願修法を行った後は、それまで合掌印をとっていた手を定印三昧手法印の形に組み直し、三昧に入法界します。

この定印三昧手法印は、別名法界定印、法華経的には無上道法印といいます。「無上道」という語からわかりますように、これはお釈迦様と直接神通会話ができる手法印です。

『諸佛如來《しょぶつにょらい》は但菩薩《ただぼさつ》を教化《きょうげ》したまふ』（101頁）という法華経の一節もありますように、お釈迦様のご霊示を直接頂くことを前提としたこの定印三昧手法印は、菩薩行にある者が組む手法印です。

○三昧竟界究了《さんまいきょうがいくりょう》。南無釈迦牟尼佛《なむしゃかむにぶつ》。

三昧後、再び「南無釈迦牟尼仏」と唱えますが、これは三昧前のものとは意味合いが異なります。三昧前のものが仏名祈願修法であったのに対して、三昧後の方は、「感謝礼拝帰依法」といい、ご教化をくださったお釈迦様への感謝と帰依心を表明するものです。

○一切《いっさい》の三昧《さんまい》教化《きょうげ》をいただき感謝し奉つる。
竟界《きょうがい》の浄法《じょうほう》成万《じょうまん》を心より祈願《きがん》し奉つる。
又、この一切《いっさい》の功徳《くどく》を荘厳《しょうごん》佛國土《ぶっこくど》成万《じょうまん》の為に供養《くよう》回向《えこう》し奉《たてま》つる。

最後に改めて三昧中のご教化に対して、感謝を述べ（一切の三昧教化をいただき感謝し奉つる。）、法において煩悩が浄化され境界が仏様と同じになるよう祈願します（竟界の浄法成万を心より祈願し奉つる。）。

そして最終的には、「この一切の功徳を荘厳仏国土成万の為に……」と大乗の願で締めくくります。三昧とは仏様の行いであり、この世で最高の功徳となる行いです。この功徳をもって仏様の願いである〈荘厳仏国土成万〉を願うことで菩薩の証明である大乗的思考が完成するのです。

○南無釈迦牟尼佛《なむしやかむにぶつ》。　三回

ここで三回唱えるお釈迦様のお名前は、それぞれ仏身三種身でいう、法身・報身・応身を表します。信仰の対象である本仏釈迦牟尼仏への帰依の宣言で、三昧は完結するのです。

普賢菩薩の行は成仏の大直道

仏説観普賢菩薩行法経は、法理に基づいた修行の実践法が詳しく説かれた経であり、内容が盛りだくさんですが、その行法は、煎じ詰めれば、仏・法・神通とは何かを悟るためのものであります。そして、経の要点は、三昧入座祈祷文の中の、懺悔祈祷文でも唱える『諸法解脱。～』の部分で、ここが仏・法・神通とは何かの答えとなっております。

この部分に集約されているとおり、「普賢行の土台は懺悔であり、懺悔により、正見・正覚を得る道が開かれている」というのが経の骨子です。言い換えれば、このポイントの種々の補足説明により観普賢菩薩行法経は肉づけされているということです。

『但当《ただまさ》に深《ふか》く因果《いんが》を信《しん》じ、一實《いちじつ》の道《どう》を信《しん》じ、佛《ほとけ》は滅《めつ》したまはずと知《し》るべし。』（650頁）とありますように、懺悔を修し、清浄心が得られれば、仏知見が開き、気休めではなく、本当の意味で仏様の存在を信じられるようになります。そして、その証明として、七科三十七道品の集大成である八正道が具現し、「種まきの人間」としての生き方ができるようになるわけです。

種々に説かれている仏教の教えを見渡してみますと、この普賢行がいかに価値高いものであるかがわかるでしょう。なぜなら、懺法のみで仏・法・神通を悟るという方法は、他の行法、例えば、五十四位行といった行法と比べてみますと、シンプルで成仏に直結したものとなっているからです。これはもちろん、他の行法を否定するものではなく、いずれの修行法も同じ一点に通じていることは、むしろ強調したい点であります。しかし、普賢行があらゆる意味で効率がよく、「成仏の大直道」と呼ぶに相応しいものであることは疑う余地のないところでありましょう。

三昧入座祈祷文は、お釈迦様の修行法が誰もが実践できる形に集約されている、修行をしたいと願う本化菩薩にとっては夢のように画期的なものですから、その出来の経緯と存在意義に想いをめぐらせますと、熱いものが込み上げてきます。私たちは今、まさに、素晴らしい宝を手にしているのです。『世尊法久後《せそんほうくご》　要當説眞實《ようとうせつしんじつ》（世尊は法久しうして後　當に真実を説きたまふべし）』（91頁）のお言葉どおり、お釈迦様は、はるか昔から、現代に生きる迷える人間のために、この手立てをご用意くださっていたのでありましょう。世の中が精神的な混迷を極める今こそ、古に発せられた本仏の御声に耳を傾けるべき時でありましょう。謙虚に求めるところには必ず道が開かれ、正しき方向に導かれ、ご加護を頂きながら明るい未来に向かって歩を進められるに違いありません。

『佛《ほとけ》、阿難《あなん》に告《つ》げたまはく、未來世《みらいせ》に於《お》て、若《も》し此《かく》の如《ごと》き懺悔《ざんげ》の法《ほう》を修《しゅう》習《しゅう》することあらん時《とき》、當《まさ》に知《し》るべし、此《こ》の人《ひと》は慚愧《ざんき》の服《ふく》を著《き》、諸佛《しょぶつ》に護《ご》助《じょ》せられ、久《ひさ》しからずして當《まさ》に阿耨多羅三藐三菩提《あのくたらさんみゃくさんぼだい》を成《じょう》ずべし。』（651頁）

〔お釈迦様は阿難に仰せになりました。未来世において、もし、この観普賢菩薩行法経で明かした懺悔の法を行じることがあれば、その人は仏法に則って心身を修めることができ、諸仏の加護を得て、必ず成仏する

ことができるであろう〕

南無釈迦牟尼仏。

おわりに

私が法華経と出逢ってから早くも数十年の月日が流れた。拙著法華三部経シリーズの初刊である『無量義経之要諦』の冒頭には、お釈迦様のお教えに触れた当初の喜びが、瑞々しく記されており、我ながら読み返すと微笑ましいような気持ちになる。

長い年月を経た今でも、仏様のお教えに触れて、新しい発見をした時に感じる心の躍動感は変わらない。変わらないどころか、その振幅はますます大きくなってきている。

それなりの年数を生き、人並みの四苦八苦を味わった。幼い頃には想像もしなかったことだが、お釈迦様のおっしゃるとおり、この世は苦海であった。

大切な人々との別れを経験した。私の行く先を照らし、お釈迦様の許へと導いてくれた導師が天に帰った。「必要なことはすべて伝えた」という言葉を遺して・・・。

まだまだ聞きたいことがたくさんあった。法華経の真髄にどのように辿り着けばよいのか—途方に暮れた。

ひたすら祈った。お釈迦様の声が心の奥底から力強く響いてきた。「自灯明法灯明」―本物の信仰がはじまった。

日々、経典と向き合った。意味を教えてくれたのは実世界で起こる現象とその実体験であった。

「苦しみの時は悟りの時。」

「仏界の如も魔界の如も一如にして二如なし。」

涙を流す毎にお釈迦様のお言葉が心に染みた。

「世の中というものはこういうものだ」

「人間とはこういうものだ」

「だからこう生きるのだ」

大切なものが見えてきた。価値観の悟りである。


若かりし頃のこの世も、現在のこの世も、苦海であることになんら変わりはない。

今でも人知れず涙を流すことはある。しかし、それは悲しいからではない。苦しいからでもない。もはや感謝しかないのである。生きる意味を知ったことで、生かされている有難さに気づくことができたのである。

断言できることがある。身に起こる出来事にはすべて意味があるのだ。偶然は必然なのである。そして、それらの出来事はすべて魂に刻み込まれる。それを良きものとするか、あるいは悪しき傷とするかは己の受け止め方次第なのである。

如蓮華在水─泥水から栄養を得て美しい花を咲かせる蓮華のように、この世で受ける苦しみの中に溶け込んでいる養分を糧にして人華を咲かせる方法、それがお釈迦様の説かれたお教えなのだ。

自分は何分咲きだろうか―。

まだまだ先は長いし、そもそも深遠なる宇宙を探求する旅に終わりはない。

結びにふさわしい言葉は何であろうか―。様々な記憶が蘇り、こみ上げる感情もなくはない。しかし、言葉として浮かんでくるのはただ一言だけである。過去・現在・未来のすべての存在に対しての想いを詰め込んだこの言葉をもって、筆を擱くことにしたい。

南無釈迦牟尼仏。

お釈迦様のお教えの真髄が凝縮された法華経に説かれているのは、頭だけで理解するような理屈ではありません。説かれているのは、全身全霊を開いて「世界」と対峙し、自らの生き方・実生活が経の登場人物と重なった時に理解できる法理です。

「世界」とはどこか遠くにあるようなものではありません。

今、この瞬間のあなたの心、それこそが「世界」なのです。

今、心がお釈迦様と繋がっている―そう感じることができたなら、それ以上に価値高いことはありません。

釋　光成

無辺行　① 175
——時代　③ 270, ③ 275
——大菩薩　③ 267, ③ 270, ③ 275
無量義　① 77
無量義経　① 21, ① 23, ③ 309, ③ 356
——十功徳品　③ 452, ④ 79, ④ 83, ④ 230, ④ 283, ④ 383, ④ 437, ④ 445, ④ 453
——説法品　④ 467
——徳行品　③ 396
無量義・教菩薩法・仏所護念　② 56, ④ 294, ④ 343
目犍連　② 53, ② 77, ② 165, ② 226, ③ 270
文殊師利（菩薩）　② 53, ② 64, ③ 71, ③ 149, ③ 272, ③ 276
文殊師利法王子　③ 151
諸々の三昧　① 168, ④ 230

〈や行〉

薬王行　④ 175, ④ 277
薬王菩薩　② 53, ② 309, ③ 97, ④ 161, ④ 340
——神呪　④ 297
薬上菩薩　④ 340
耶輸陀羅比丘尼　② 53, ③ 103
勇施菩薩　④ 305
——神呪　④ 302
欲界　② 31, ② 139, ② 142, ③ 461, ③ 471
四無量心　① 133, ③ 192, ④ 107, ④ 472

〈ら行〉

礼拝讃嘆行　④ 47
羅睺羅　② 53, ② 77, ② 293, ③ 270
龍女　③ 45, ③ 110
輪廻転生　① 162, ② 32, ② 83, ② 139
盧舎那仏　② 62, ③ 33, ③ 34, ③ 310
霊夢三昧教化法　④ 433
良医狂子の喩え　② 240, ③ 317
六思念法　④ 462
六神通　① 183, ③ 453
六度輪廻　② 32, ② 58
六波羅密　① 133, ② 259, ③ 192, ④ 107
六霊感・六神通　① 181, ② 88, ② 149
漏盡通　① 184, ② 33, ② 324, ③ 338, ③ 361, ④ 136

④ 376, ④ 478
本懐経　② 313
本願　② 313
本化菩薩　① 193, ① 196, ③ 97, ③ 120, ③ 219, ③ 239, ③ 293, ③ 428, ④ 153, ④ 161, ④ 278, ④ 340, ④ 367, ④ 378, ④ 413
本地　④ 296
本誓願　① 171, ② 84, ③ 198, ③ 347, ③ 392
本尊勧請法　④ 477
本尊仏　④ 375
梵天勧請　① 68
煩悩　② 28, ② 33, ③ 471
本仏　① 24, ① 26, ② 36, ② 62, ② 244, ② 249, ③ 291, ③ 309
久遠実成――　① 30, ③ 308, ④ 486
梵網経（梵網菩薩戒経）　① 195, ① 196, ③ 152, ③ 154

〈ま行〉
魔　① 188, ② 28, ③ 223, ③ 225
摩訶迦旃延→迦旃延
摩訶迦葉→迦葉
摩訶止観　② 51
摩訶波闍波提比丘尼→憍曇彌
魔性　① 189, ② 24
魔神通→神通
末法　① 129
魔罰　① 176
眉間白毫相　② 58
微渧　① 55
妙音行　④ 207, ④ 277
妙音菩薩　④ 208, ④ 224
妙光仏如来　③ 272, ③ 276
妙荘厳王　④ 330, ④ 343
名相（仏）如来　② 226, ② 229, ③ 270
妙法蓮華経　① 21, ① 27, ② 15, ② 43, ② 49
妙法蓮華・教菩薩法・仏所護念　② 56, ② 253, ④ 295
未来予告経　① 22, ② 40
弥勒菩薩　② 53, ② 64, ② 65, ③ 263, ③ 273, ③ 287, ③ 368, ③ 415, ④ 345
無　① 34
無色界　② 32, ② 58 , ② 139, ③ 243, ③ 461
無上道　② 324, ③ 347, ③ 358, ③ 386
無上道法印　④ 504
無生法忍　① 157, ④ 199, ④ 322
無盡意菩薩　④ 241
無明　② 33, ② 262
無量義処三昧→三昧
無相世界　① 182, ① 185

③ 33, ③ 397
仏神通→神通
（仏説）観普賢菩薩行法経　① 21
① 25, ① 34, ③ 23, ③ 65, ③ 397,
④ 231
仏知見　② 88, ③ 347
仏勅　① 193
仏弟子の親孝行　② 303
仏道　② 40, ④ 370
仏罰　① 176
仏名祈願修法　④ 505
普明（仏）如来　② 271, ② 273,
③ 269, ③ 274
富樓那（弥多羅尼子）　② 53, ②
77, ② 271, ③ 270
分身　① 24, ② 248, ② 274, ③ 34,
③ 274, ③ 275
分身法　② 272
分別観　③ 362, ③ 401
別仏如来　② 244, ③ 278
変化身　② 248, ③ 34, ③ 274, ③
275, ③ 277
法印　② 277, ② 278
報恩行　④ 153, ④ 156
法界　② 30, ② 139, ③ 461, ③ 487,
④ 80, ④ 460
——知見　③ 458, ④ 223, ④
398, ④ 430
法界定印　④ 504
報身　① 29, ② 62
法施　④ 188
法難　① 172, ① 177
方便随宜の所説　② 121
法謗罪　② 151
法明（仏）如来　② 271, ③ 270
法華経　② 311
菩薩　① 51, ② 93, ② 95, ② 143,
② 192, ② 213, ③ 348, ③ 361
大——　① 148, ① 201, ③ 411
——不思議徳　① 52
——本有修生五十四位行　①
114, ① 116
——六度行　④ 277
法華行人　① 154
法華懺法→懺法
法華三昧→三昧
法華七喩　② 239
法華証明仏　① 125, ③ 22
法師　② 38, ② 319, ③ 451, ④ 341
法性　② 246
法性仏　② 157, ② 246, ② 286, ④
377
法身　① 29, ① 32, ① 52, ① 139,
① 143, ② 62, ② 155, ③ 309, ③
397
発菩提心　① 108, ④ 115, ④ 378
仏出来の本義　② 86
本因仏法　② 146, ② 250, ④ 312,

智積菩薩　③ 71
中道　① 202, ② 26
長者窮子の喩え　② 166, ② 239, ③ 187, ③ 295
天眼通　① 183, ③ 453, ③ 469
天下組　② 321, ④ 340
天王仏如来　③ 57, ③ 59, ③ 271
伝法　④ 187
道牙　① 179
蹈七寳華（仏）如来　② 293, ③ 270
道品　① 35
塔本尊　② 318, ④ 114
得大勢菩薩　④ 15
得仏　④ 56
兜率天　③ 241, ③ 260, ③ 297, ③ 430
登坂（山登り・化城）の喩え　② 239, ② 241

〈な行〉

内衣裏の宝珠の喩え　② 240, ② 281
南無　② 284, ③ 64
日月浄明徳仏　④ 164
二仏並座　③ 31, ④ 453
如是　② 82
——十方観　② 31, ② 80, ② 88, ② 214, ② 255, ② 275, ④ 267, ④ 417, ④ 418
——の事　② 31, ③ 460
如来型　④ 340
如来十号　② 224, ② 226
如来正使　① 158
任務法界　① 127, ② 228, ② 278

〈は行〉

八王子　② 66
抜済　① 170, ② 143, ③ 441, ④ 355
八正道　① 44, ② 68, ② 258
婆修盤頭→世親
火　② 156, ③ 342
毘沙門天　④ 306
——神呪　④ 305
誹謗罪　② 151, ④ 31
白罰品　② 103, ② 150, ② 154
秘要の蔵　④ 85, ④ 98
毗盧遮那仏　② 62, ② 245, ③ 33, ③ 34, ③ 309, ③ 399
普賢行　③ 66, ④ 299, ④ 383, ④ 387, ④ 415, ④ 460
普現色身三昧→三昧
普賢菩薩　① 180, ④ 364
——神呪　④ 392
仏性　② 247
仏心　① 133, ③ 154, ③ 158, ④ 106, ④ 500
仏身三種身　① 28, ② 62, ② 147,

身安楽行→安楽行
真我　① 139, ② 36
親近　② 194
真言　④ 287
甚深の事　④ 85, ④ 106
神足通　① 165, ① 184
神通　① 181, ③ 478, ③ 487
　正法――　① 192
　仏――　① 186, ① 192, ① 198
　魔――　① 186
　――戒律　① 198
　――願力　① 195
　――瑞光説法　② 57
　――知見　③ 26
　――宝珠　③ 81
　――力　① 104, ① 181, ③ 26, ③ 93, ③ 451, ④ 80
神力　① 104, ④ 80
随喜心　③ 395
瑞光　② 58, ③ 493
瑞相　② 59
誓願安楽行→安楽行
世親（婆修盤頭）　① 82, ① 88, ③ 240, ③ 358
舌相至梵天の相　④ 119
絶対仏　② 146, ② 155
施波羅密　② 259, ③ 194, ④ 172, ④ 200
善知識　③ 59
造因仏　① 26, ③ 291
　――法理　① 27, ① 73, ① 82, ④ 271, ④ 318, ④ 474

〈た行〉
大火　③ 339, ③ 342
対機説法　① 78, ② 121, ③ 184
大楽説菩薩　③ 19, ③ 38, ③ 97
大乗　① 37, ② 86, ② 123, ② 233, ③ 25, ③ 174, ③ 181, ③ 250
　――戒　① 197, ③ 151, ③ 154
　――仏教　① 35
大荘厳菩薩　① 199
大清浄心　④ 235, ④ 236
大乗心　④ 461, ④ 462, ④ 473
提婆達多　② 77, ③ 45, ③ 271
大菩薩→菩薩
大法師　③ 133, ③ 143
多寶塔　③ 18, ③ 32
多寶仏塔　② 314, ② 316, ③ 32, ③ 390, ④ 116
　――供養法理　② 314, ④ 478
多寶仏（如来）　① 125, ② 248, ③ 17, ③ 273, ③ 278, ④ 452
多摩羅跋栴檀香（仏）如来　② 226, ② 230, ③ 270
陀羅尼　④ 286, ④ 390
陀羅尼呪　④ 287, ④ 323
智慧　① 65, ③ 276, ③ 363

十功徳　① 104, ① 113, ① 130, ④ 88
十大弟子　② 52, ② 77
十二因縁　① 76, ② 260
十如是法　④ 418
十羅刹女　④ 311
——神呪　④ 311
十六王子　② 244, ② 252
授記（作仏）　② 92, ② 223, ② 271, ② 293
受記作仏　③ 45, ③ 97
修行道三学　① 53
宿王華菩薩　④ 161
宿命通　① 161, ① 184
守護仏　④ 372
須菩提　② 53, ② 77, ② 165, ② 226, ③ 270
首楞厳經　① 186, ① 190
首楞厳三昧→三昧
定印三昧手法印　④ 506
上行　① 175
——時代　③ 269, ③ 274
——大菩薩　③ 267, ③ 269, ③ 274
浄行　① 175
——時代　③ 89, ③ 138, ③ 228, ③ 271, ③ 275, ③ 413, ④ 26, ④ 347
——大菩薩　③ 267, ③ 271, ③ 275
上求菩提下化衆生　① 195, ④ 278, ④ 383
正見法　② 88, ② 214
荘厳仏国土　① 174, ① 203, ② 34, ② 59, ② 86, ③ 279, ④ 338
正三宝　② 328
四要示　① 104, ④ 83
常寂光　① 34
常寂光土　③ 401
小乗　① 37, ② 123, ③ 181, ③ 250
——戒　③ 152
——仏教　① 35
清浄行　② 108
正定聚　④ 375
清浄心　④ 213
常精進菩薩　③ 492
焼身供養　④ 187
所有の法　④ 85, ④ 90
常不軽菩薩　④ 36
常不軽（菩薩）行　④ 50, ④ 58, ④ 63
成仏　① 59, ① 90, ② 84, ② 89, ④ 56, ④ 510
——求道信仰　② 92, ② 198
正法神通→神通
聲聞　② 93, ② 143, ③ 178
諸仏　① 24, ② 244
諸仏現前三昧→三昧

現一切色身——　① 168, ④ 194, ④ 217, ④ 429
首楞厳——　① 165, ① 169, ④ 105, ④ 444
諸仏現前——　① 169, ③ 385, ④ 436
普現色身——　① 168, ③ 26, ④ 449
法華——　① 168, ④ 230, ④ 429
無量義処——　① 168, ② 34, ② 55, ④ 454, ④ 501
諸々の——　① 169, ④ 230
——行　② 25, ③ 24, ③ 457, ③ 458, ④ 299, ④ 460
——三法　② 27
——心　① 54, ② 29, ③ 164
三昧入座祈祷文　④ 480, ④ 485
三明・六通　② 149
色界　② 31, ② 139, ③ 243, ③ 461
四弘誓願法　① 172, ① 174, ② 38, ② 108, ③ 266, ④ 474
四苦八苦　② 255, ② 256
持国天　④ 309
——神呪　④ 308
自在の神力　② 85, ④ 95
四聖諦→四諦の法門
四大聲聞　② 165, ② 183, ② 223
四諦の法門（四聖諦）　① 75, ② 254
時代仏　④ 373
四大菩薩　② 107, ② 189, ② 244, ③ 266, ④ 110, ④ 374
七難　④ 251
七仏通戒偈　① 92, ③ 377, ④ 237, ④ 492
七寶の塔（七寶妙塔）　② 316
実相世界　① 185
四念処　① 38, ③ 401, ④ 397, ④ 457
四波羅密　① 38, ③ 398, ③ 401, ④ 457
四仏知見　② 87, ② 149, ③ 200
四法　④ 370
——成就　④ 370, ④ 391
四門出遊　② 17
釈迦正法　① 37, ① 196, ③ 275, ④ 375
——法脈系図　① 30
釈迦仏　③ 34, ③ 310
釈迦本懐経　② 15
釈迦牟尼仏　① 30, ③ 310
釈迦牟尼仏入身法理　④ 452
迹化の菩薩　② 53, ② 310, ③ 97, ③ 149
娑婆世界　③ 265
舎利弗　② 53, ② 76, ② 77, ② 115, ② 231, ③ 77, ③ 216, ③ 272, ③ 276

憍陳如　② 53, ② 77, ② 271, ③ 269, ③ 274
憍曇彌（摩訶波闍波提比丘尼）② 53, ③ 103, ④ 175, ④ 177
苦　① 176
口安楽行→安楽行
久遠実成本仏→本仏
弘誓大願　① 171
具足千萬光相如来　③ 106
功徳　① 103, ③ 355, ③ 395, ③ 451
鳩摩羅什　② 49
供養　④ 172, ④ 184
華光（仏）如来　② 124, ② 231, ③ 272, ③ 276
華足安行仏如来　③ 273, ③ 281
髻中の明珠の喩え　② 240, ③ 208
結界法　④ 317
華徳菩薩　④ 340
現一切色身三昧→三昧
堅満菩薩　③ 273
業　② 105
興教大師覚鑁懺悔録　④ 439, ④ 441
皐諦法　④ 315
業報処　① 160, ① 162, ① 177
降魔　② 27, ③ 459
光明（仏）如来　② 224, ② 231, ③ 270
五時教判　② 51
五十四位行　① 113, ① 116, ① 130, ② 197
五種法師行　④ 384, ④ 465
五條停心法　② 190
五濁の悪世　② 90
五神通　② 24
根本煩悩　④ 460

〈さ行〉

最後身　③ 228, ④ 348
最正覚　② 37, ④ 147
作仏　④ 56
——行　④ 57
山海慧自在通王（仏）如来　② 293, ③ 271
懺悔　② 65, ④ 235, ④ 458, ④ 459, ④ 464, ④ 475, ④ 495
三車一車（火宅）の喩え　② 125, ② 239
三十七道品　① 35, ① 38, ② 196, ④ 395
三世の諸仏　② 244, ④ 372
三草二木の喩え　② 206, ② 239
三智妙法　④ 148
懺法　③ 64, ④ 233
法華——　③ 66, ③ 86, ④ 501
三昧　① 167, ② 30, ② 214, ③ 173, ④ 225, ④ 233, ④ 389, ④ 427

〈あ行〉
阿難　② 53, ② 77, ② 293, ③ 271
阿耨多羅三藐三菩提　② 88, ④ 147
阿毘達磨倶舎論　① 82, ③ 61, ③ 240, ③ 251
阿弥陀仏如来　③ 273, ③ 278, ④ 346
安楽行　③ 162
　意――　③ 189
　口――　③ 174
　身――　③ 164
　誓願――　③ 195
安立行　① 175
　――時代　① 199, ② 139, ③ 272, ③ 277, ③ 298, ④ 196, ④ 342
　――大菩薩　③ 267, ③ 272, ③ 277
意安楽行→安楽行
威音王如来　④ 23
一大事の因縁　② 85, ③ 199, ④ 468
一如の法理　④ 227, ④ 448
一切衆生憙見如来　③ 105, ④ 175
一切衆生憙見菩薩　④ 164, ④ 199
一法　① 77, ① 81, ① 92, ③ 364
雲雷音宿王華智如来　④ 328
縁覚　② 93, ② 143
閻浮那提金光（仏）如来　② 226, ② 230, ③ 271
応身　① 29, ① 45, ② 62

〈か行〉
加行　② 194
火宅　② 135
火宅の喩え→三車一車の喩え
迦旃延　② 53, ② 77, ② 165, ② 226, ③ 271
渇愛　② 257
迦葉　② 53, ② 77, ② 165, ② 224, ③ 270
観　③ 164, ③ 171, ④ 417
感謝礼拝帰依法　④ 507
観世音菩薩　② 53, ④ 242
観普賢菩薩行法経→仏説観普賢菩薩行法経
観法　③ 173
義　① 201, ③ 378, ③ 489
祈願　① 154
祈願修法　④ 253
祈祷　① 154
毀謗罪　② 151, ④ 30
毀謗罪・誹謗罪・法謗罪　③ 55, ④ 30
九識論　① 86, ① 88, ③ 358, ③ 371, ③ 407, ③ 453
境界　③ 192, ③ 407, ④ 107, ④ 460

総合索引

〔凡 例〕

『法華三部経　無量義経之要諦』参照頁　　－①頁数
『法華三部経　妙法蓮華経之要諦一』参照頁－②頁数
『法華三部経　妙法蓮華経之要諦二』参照頁－③頁数
『法華三部経　妙法蓮華経之要諦三』参照頁－④頁数

著者　釋　光成（しゃく・こうなる）

　大学では心理学を専攻。仏教の九識論の研究を通じて、正法時代の仏教の真価を知り、その探究に入った。「仏教は過去の遺物ではない、現在生きていく力になる」という確信を得て、失われようとしている釈迦仏の教えを蘇らせることを人生の目的にしている。
　著書に『法華三部経　無量義経之要諦』『法華三部経　妙法蓮華経之要諦一』『法華三部経　妙法蓮華経之要諦二』（七寶出版）がある。

法華三部経　妙法《みょうほう》蓮《れん》華《げ》経《きょう》之《の》要《よう》諦《てい》 三

2018年8月1日　初版第1刷発行
著　者　釋　光成
発行人　澁田敏治
発行所　七寶出版
〒182-0011 東京都調布市深大寺北町2-55-5七寶ビル2F
電話　042-480-7666
FAX　042-480-8435
表紙・本文イラスト　久家ゆきじ
編集　稲益みつこ
印刷・製本　図書印刷株式会社

定価はカバーに印刷してあります。
乱丁、落丁はお取り替えいたします。
ISBN　978-4-901585-07-1
Printed in Japan